GOL. MELERI WYN JAMES

y Lolfa

I Ferched y Wawr,
ddoe a heddiw

Argraffiad cyntaf: 2012

Dymuna'r cyhoeddwyr gydnabod cymorth ariannol
Cyngor Llyfrau Cymru

Cynllun y clawr: Dorry Spikes

Rhif Llyfr Rhyngwladol: 978 1 84771 449 7

FSC

Cyhoeddwyd, rhwymwyd ac argraffwyd yng Nghymru gan
Y Lolfa Cyf., Talybont, Ceredigion SY24 5HE
gwefan www.ylolfa.com
e-bost ylolfa@ylolfa.com
ffôn 01970 832 304
ffacs 832 782

Cynnwys

Rhagair

MAE'N ANODD DYCHMYGU erbyn hyn pa mor wahanol oedd y byd i fenywod cyn y 1960au – a diolch am hynny!

Roedd disgwyl cyffredinol i fenywod roi'r gorau i'w swyddi pan oedden nhw'n priodi. Doedd hi ddim yn anghyffredin i gyflogwyr, gan gynnwys y gwasanaeth sifil, beidio â chyflogi menywod priod o gwbl.

Fe ddaeth ysbryd chwyldroadol y 1960au a thorri ar y gormes yma. Cafwyd mwy o gyfleoedd cyfartal o ran addysg a swyddi a darpariaeth mwy hygyrch a fforddiadwy o ran gofal plant, a sefydlwyd egwyddor tâl cyfartal.

Dyw hi ddim yn gyd-ddigwyddiad mai yn y cyfnod yma – yn 1967, blwyddyn y protestiadau mawr – y daeth criw o fenywod Cymru at ei gilydd i sefydlu Merched y Wawr. Ac mae ysbryd radical y dyddiau cynnar yr un mor nodweddiadol heddiw.

Ar lefel gymunedol, mae Merched y Wawr yn cynnal dros 3,000 o ddigwyddiadau lleol a chymdeithasol i fenywod trwy gyfrwng y Gymraeg yn rheolaidd. Mae honno'n weithred radical ynddi'i hun!

Ar lefel genedlaethol, maen nhw'n lobïwyr llwyddiannus ar bob math o wahanol faterion yn ymwneud â'r Gymraeg a hawliau menywod ar draws y byd.

Ystyriwch rai o brif egwyddorion y mudiad: diogelu'r iaith a'i defnyddio ym mhob achos, yn enwedig yn y gweithle; gofalu bod merched yn ymfalchïo yn yr iaith Gymraeg ac yn ei throsglwyddo i'w plant; creu cyfleoedd i ddysgwyr groesi'r bont a dod yn rhugl; sicrhau bod y Gymraeg yn cael ei defnyddio mewn llefydd cyhoeddus fel siopau, bwytai a gwestai – gan gynnig cymorth i gyfieithu. Nid egwyddorion sy'n bodoli mewn rhyw adroddiad neu ar safle gwe'r mudiad yn unig yw'r rhain, ond egwyddorion real sy'n cael eu gweithredu'n ddyddiol gan arweinwyr ac aelodau Merched y Wawr a'u chwaer-fudiad i fenywod ifanc, y Clybiau Gwawr.

Mae'r parch sydd gen i tuag at Ferched y Wawr yn aruthrol. Ac mae'n rhaid i mi ofyn y cwestiwn – ble fyddai Cymru heddiw hebddyn nhw, dywedwch? Sawl cam ar ei hôl hi, does gen i ddim amheuaeth ynglŷn â hynny!

Meri Huws
Comisiynydd y Gymraeg
Ebrill 2012

Cyflwyniad

PAN DDECHREUAIS FY nhymor fel Llywydd Cenedlaethol, dewisais y thema 'Geiriau' ac mae llawer o weithgaredd y ddwy flynedd ddiwethaf, 2010 i 2012, wedi cwmpasu'r thema hon. Fe gyflwynais brosiect casglu enwau Cymraeg ac mae canghennau dros Gymru wedi bod yn casglu enwau tai, ffermydd a chaeau er mwyn eu rhoi ar gof a chadw. Rydym wedi sefydlu grwpiau trafod llyfrau Cymraeg ac rwy'n falch o ddweud bod tua 30 o grwpiau bellach yn cyfarfod yn rheolaidd – a'r nifer yn tyfu o hyd. Rhoddwyd cyfle hefyd i fenywod ymestyn eu dychymyg trwy gynnal cyrsiau ysgrifennu creadigol.

Roeddwn yn falch iawn, felly, fod gan wasg Y Lolfa ddiddordeb mewn cyhoeddi llyfr fyddai'n olrhain hanes y mudiad a phrofiadau swyddogion sydd wedi gweithio i'r mudiad ar hyd y blynyddoedd. Fel rhywun sydd wedi bod yn aelod o Ferched y Wawr o'r cychwyn bron – ers Medi 1967 – ac wedi gweithio i'r mudiad mewn amrywiol swyddi, roeddwn yn falch fod cyhoeddi'r llyfr yn digwydd yn ystod tymor fy llywyddiaeth, ac yn naturiol yn cyd-fynd â'r thema.

Mae'r llyfr yn cymryd cip yn ôl ar y cychwyn cyffrous; yn cynnwys profiadau swyddogion cyflogedig ac aelodau mewn canghennau a chlybiau; yn amlinellu ein gwaith gyda dysgwyr, yr ymgyrchoedd, ein cysylltiad â merched Lesotho, prosiectau fel hanes menywod Cymru, achosion elusennol; ac yn dilyn hanes ein cylchgrawn, *Y Wawr*. Mae Margarette Hughes yn ei phennod hi yn crisialu'r ymgyrchoedd y buom yn ymwneud â nhw ar ddechrau'r 1990au i sicrhau Deddf

Iaith newydd i Gymru. Mae Catrin Stevens yn rhoi blas i ni ar brosiect y flwyddyn 2000 i gasglu profiadau menywod dros yr hanner can mlynedd diwethaf – tipyn o agoriad llygad! Ac mae'r lluniau yn dangos amrywiaeth o weithgareddau Merched y Wawr, o gystadlaethau celf a chrefft i brosiectau codi arian at elusen i dapio'r *Wawr* ar gyfer y deillion.

Carwn ddiolch i bawb sydd wedi cyfrannu at y llyfr ac i wasg Y Lolfa am eu gwaith graenus ac am eu cefnogaeth i gyhoeddi'r gyfrol.

Mae Merched y Wawr wedi datblygu dros y 45 mlynedd diwethaf i fod yn fudiad pwerus a dylanwadol yn y Gymru gyfoes. Yr un ydyw i mi yn awr ag y bu erioed, sef mudiad sy'n rhoi cyfle i ferched gymdeithasu â'i gilydd, dysgu sgiliau newydd, magu hunanhyder a gweithio er budd yr iaith a diwylliant Cymru.

Mae'n fudiad sydd ar flaen y gad, yn gwneud gwahaniaeth i fywyd merched ac yn diogelu'r Gymraeg yn ein cymunedau. Mae'n bleser gen i gyflwyno'r gyfrol ac rwy'n hyderus y byddwch yn ei gael yn llyfr difyr a diddorol.

Mererid Jones
Llywydd Cenedlaethol 2010–2012

Wele'n gwawrio:
hanes cynnar Merched y Wawr

YM MHENTREF BACH y Parc ger y Bala y dechreuodd y cwbl a ches innau'r fraint o fod yno. Yn aml iawn, pan fyddaf mewn cyfarfod cenedlaethol o Ferched y Wawr, neu'n mwynhau miri un o nosweithiau Penwythnos y mudiad, byddaf yn rhyfeddu wrth gofio'r pethau hynny.

Fe fyddai wedi bod yn bosib i fudiad i ferched, tebyg i Ferched y Wawr, gael ei sefydlu yn unrhyw ran o Gymru yr adeg honno oherwydd bod chwiorydd Cymru'n barod ac yn awyddus am fudiad o'r fath. Y rheswm am hynny oedd mai yn ystod y degawd hwn y deffrodd Cymru ar ôl sylweddoli pa mor fregus oedd yr iaith a pha mor bwysig oedd hi ein bod yn ei gwarchod. Dechreuodd yr ymwybyddiaeth yn dilyn darlith radio dyngedfennol Saunders Lewis. 'Tynged yr Iaith' oedd ei thestun a dychrynodd y genedl o glywed yr awgrym mai trengi fyddai tranc yr iaith a hynny yn gynnar yn yr unfed ganrif ar hugain. Erfyniodd Saunders ar ei wrandawyr i ddefnyddio'r Gymraeg yn eu bywydau bob dydd. Cafodd y ddarlith ddylanwad mawr ac fe sefydlwyd mudiad Cymdeithas yr Iaith o fewn misoedd.

Yn gynnar yn 1966 ffurfiwyd cangen o Sefydliad y Merched yn y Parc ac, yn naturiol, Cymraeg oedd iaith pob gweithgaredd. Gellir dychmygu'r siom, felly, pan dderbynnid pob gohebiaeth gan y WI yn Saesneg, ac ysgrifennodd Zonia Bowen, ysgrifenyddes y gangen, lythyr at swyddogion sir y WI yn mynegi ein siom ac yn dweud ein bod wedi penderfynu, fel cangen, i ddal cyfraniad ariannol y gangen at y WI yn ôl nes i ni gael dogfennau yn Gymraeg. Cwynai'r llythyr hefyd nad oedd gair o Gymraeg yn y *North Wales edition* o gylchgrawn y mudiad. Wedi anfon y llythyr cynddeiriogwyd swyddogion sir y WI a daeth tair ohonynt i'r Parc yn Rhagfyr 1966 i'n rhoi ni yn ein lle.

Pwysleisiwyd ganddynt mai mudiad Seisnig oedd y WI, a gafodd ei gychwyn yn sir Fôn! Methai un ohonynt â deall ein gwrthwynebiad i ohebiaeth yn Saesneg. "Mae fy ngŵr yn athro," meddai, "ac yn Saesneg mae o'n cael gohebiaeth gan undeb yr NUT. Dwi'n dod o deulu o ffermwyr ac yn Saesneg maen nhwythau'n derbyn gohebiaeth undeb yr FUW."

Yn dilyn hyn dywedodd un o'r Parc fod undebau Cymraeg i'w cael i gyfateb i'r ddau undeb a gafodd eu crybwyll. A dyma un arall o'r Parc yn gofyn, "Rydym yn deall bod yr Alban yn rhedeg ei Sefydliadau Merched ei hun yn annibynnol ar Lundain. Pam na chawn ni Sefydliad y Merched Cymraeg i Gymru?" A dyna'r tro cyntaf i'r syniad o gael mudiad Cymraeg i ferched Cymru gael ei grybwyll. Yma y plannwyd yr hedyn fel petai. Dywedwyd wrthym: "Os nad ydych yn fodlon ar y WI awgrymwn eich bod yn cau'r gangen ac yn trosglwyddo eich papurau swyddogol i swyddogion y sir." Er nad oedd yn fwriad yn wreiddiol gan ferched y Parc i dorri cysylltiad â'r WI, roedden nhw'n teimlo nad oedd ganddyn nhw fawr o ddewis o dan yr amgylchiadau ond derbyn yr awgrym a wnaed a gweithredu'n unol â hynny.

Y noson honno penderfynwyd cychwyn cymdeithas newydd i ferched Cymru a fyddai'n rhoi lle urddasol i'r Gymraeg. Cyn ymadael gofynnodd swyddogion y WI i ni beidio ag anfon hanes y cyfarfod at y wasg. Yn rhyfedd iawn, fel ŵyn bach, fe gytunon ni â'u cais. Fel y digwyddodd pethau, fe drodd yr addewid hwn o'n plaid! Roeddem yn bwriadu cychwyn ymgyrch yn ystod Eisteddfod Genedlaethol y Bala y flwyddyn ganlynol a phe byddai ein bwriad wedi cael ei gyhoeddi ym mis Rhagfyr 1966 byddai wedi colli momentwm erbyn y mis Awst canlynol.

Wrth gwrs, i wireddu ein bwriad i ymgyrchu yn yr Eisteddfod roedd yn rhaid cael arian er mwyn llogi pabell ac ati. Penderfynwyd cynnal stondin yn ffair y Bala ar 14 Mai 1967 a bu'r merched yn brysur yn coginio a chasglu pob math o bethau fel llyfrau ail-law a bric-a-brac i'w gwerthu. Cymdeithas Merched y Parc oedd yr enw ar y stondin gan nad oedden ni wedi dewis enw i'r mudiad. Roedd Dr Geraint Bowen wedi awgrymu enw, sef Merched y Wawr, ond doedden ni ddim wedi ei drafod yn iawn cyn diwrnod y ffair. Yn digwydd bod, doedd Zonia a minnau ddim yn y ffair gan ein bod wedi mynd i gwrdd â phwyllgor Merched Undeb Cymru Fydd yn Llansannan i sôn am ein bwriad yn y Parc i gychwyn mudiad i ferched Cymru gyda'r Gymraeg yn iaith swyddogol iddo ac i ofyn am eu cefnogaeth. Roedd merched y pwyllgor yn gefnogol iawn ac yn dymuno'r gorau i ni yn ein hymdrech. Ar y ffordd allan dyma Mrs Enid Wyn Jones, gwraig Dr Emyr Wyn Jones, yn gofyn a oedd enw gennym i'r mudiad newydd. "Ddim ar y funud," atebodd Zonia, "ond roedd Geraint yn awgrymu 'Merched y Wawr'." Roedd Mrs Jones wedi gwirioni ar yr enw a rhoddodd sêl ei bendith arno. Yn ddiweddarach, mewn pwyllgor yn y Parc, fe fabwysiadwyd yr enw 'Merched y Wawr', sydd wedi profi dro ar ôl tro mor addas ydoedd gan ei fod yn dangos bod rhywbeth newydd, llawn gobaith ar fin digwydd ymhlith merched Cymru.

Yn y cyfamser, yn ffair y Bala roedd y stondin wedi tynnu sylw llawer iawn o bobl ac roedd ein haelodau wedi mynd ati i esbonio wrth bawb beth oedd y bwriad. Daeth Meirion Jones, oedd yn brifathro Ysgol Bro Tegid yn y Bala, at y stondin a gofyn a oeddem wedi hysbysu'r cyfryngau o'n bwriad. "Ddim eto," oedd yr ateb. "Mi af i adre y funud hon," meddai, "ac mi ffonia i nhw."

Y diwrnod wedyn daeth criw y BBC a Theledu Harlech

i'r Parc a dyna greu hanes. Ar ôl egluro ein bwriad o ddefnyddio Eisteddfod Genedlaethol y Bala fel man cychwyn ein hymgyrch, rhaid oedd mynd ati i baratoi. Roedd angen archebu pabell ar y Maes a hefyd logi Pabell y Cymdeithasau am brynhawn i gynnal cyfarfod cyhoeddus. Digwyddiad arall a roddodd gryn hwb i ni oedd i Lona Puw, gwraig Dan Puw, Castell Hen, Y Parc, nad oedd yn aelod o'r WI, dderbyn galwad ffôn o'r Ganllwyd yn dweud eu bod hwythau am sefydlu cangen yno gyda rhyw 34 o aelodau. Y ddwy gangen arloesol hyn aeth ati i drefnu gweithgareddau Merched y Wawr yn yr Eisteddfod. Cawsom gryn gefnogaeth gan rai o ddynion y Parc. Soniais eisoes mai Geraint Bowen a feddyliodd am yr enw 'Merched y Wawr', a chyfansoddodd Dan Puw eiriau cân i ni ei chanu yn y cyfarfod ym Mhabell y Cymdeithasau. Bu Bryn Davies hefyd yn brysur yn paratoi a phaentio arwydd mawr efo'r enw 'Merched y Wawr' arno i'w roi ar ein pabell yn yr Eisteddfod Genedlaethol.

Buom yn brysur tu hwnt yn y babell ar y Maes gyda llawer iawn o bobl yn ymweld â ni, a llawer o'r merched yn mynegi diddordeb mewn ymuno â ni a hefyd mewn dechrau cangen yn eu bro ac, wrth gwrs, yn mwynhau paned a chacen gri! Yno hefyd cafwyd llawer i seiat drafod am ein bwriad a bu Dafydd Elis-Thomas, ein Haelod Seneddol ymhen amser, yn rhan ohonynt. Buom yn ffodus iawn hefyd o'r cyhoeddusrwydd a gawsom o lwyfan yr Eisteddfod gan arweinwyr megis Alun Williams. Weithiau cyfeiriwyd atom yn gellweirus, dro arall yn werthfawrogol. Roedd yr enw 'Merched y Wawr' wedi dechrau cydio yn nychymyg llawer, ac rwy'n siŵr iddo chwarae rhan yn ein llwyddiant.

Oherwydd hyn oll roedd y cyfarfod cyhoeddus ym Mhabell y Cymdeithasau a gynhaliwyd ar ddydd Gwener yr Eisteddfod yn orlawn. Roedd pob sêt wedi'i llenwi a llawer yn sefyll hyd yr ochrau. Dwy o'r Parc a dwy o'r Ganllwyd oedd yn siarad, sef Zonia Bowen, Lona Puw, Bessie Roberts ac Ada Evans, gyda minnau yn rhyw bwt o lywydd. Siaradodd y pedair gydag angerdd ynglŷn â'r angen am fudiad Cymraeg i ferched Cymru ac roedd y mynych gymeradwyo yn dangos bod y gynulleidfa yn ein cefnogi ac yn hoffi'r hyn yr oeddent yn ei glywed. Gwnes innau apêl am aelodau ar y diwedd a chofiaf, pan eisteddais i lawr, fod fy nhafod wedi glynu wrth daflod fy ngenau! Roeddem wedi paratoi taflen ymuno ac ar ddiwedd y cyfarfod gofynnwyd i ferched gymryd taflen ac ymuno fel unigolyn neu, yn well fyth, i fynd yn ôl adref a dwyn perswâd ar eu ffrindiau a'u cydnabod i ffurfio cangen yn eu tref neu bentref.

Cawsom ein gwefreiddio gan y nifer a lanwodd y daflen. Bu i oddeutu hanner cant ymateb ac roedd llawer ohonynt yn barod i fynd adref a cheisio ffurfio cangen yn eu bro. O ganlyniad uniongyrchol i'r cyfarfod hwnnw, fe gododd llawer iawn o ganghennau ledled Cymru. Yn y misoedd a ddilynodd yr Eisteddfod bu Zonia, Lona a minnau'n sefydlu canghennau mewn nifer o fröydd yn y Gogledd, a Gwyneth Evans a Marged Lloyd Jones wrthi ar yr un perwyl yn y Canolbarth a'r De.

Ar 29 Rhagfyr 1967 fe drefnwyd y Cyngor Cenedlaethol cyntaf yn Aelwyd yr Urdd Aberystwyth ac yno y lluniwyd y Cyfansoddiad gwreiddiol. Yno hefyd y dewiswyd y swyddogion cyntaf: Gwyneth Evans yn Llywydd, Kitty Edwards yn Drysorydd, Zonia Bowen yn Ysgrifennydd a Bethan Llewelyn yn Is-Lywydd. Yn fuan wedi hyn fe drefnwyd pwyllgorau sir.

Ymhen blwyddyn roedd 47 o ganghennau wedi eu sefydlu ledled Cymru, y rhan fwyaf ohonynt bryd hynny yn y Gogledd. Ceir rhestr o'u henwau yn y rhifyn cyntaf o gylchgrawn *Y Wawr* a gafodd ci gyhoeddi ym mis Awst 1968. Yn gynnar y flwyddyn honno dechreuodd Zonia Bowen gynhyrchu cylchgrawn i'r mudiad. Roedd yn llawn erthyglau a storïau: ysgrifennodd yr enwog Kate Roberts stori gyfres o dan y teitl 'Tafarn Goffi Jên' a barhaodd am oddeutu 10 rhifyn. Roedd ynddo hefyd sawl rysáit goginio, erthygl ar arddio gan Llew Huxley, hanes cangen, sawl stori ac erthygl gan aelodau lleol Penllyn. Cafwyd ynddo hefyd lawer iawn o luniau diddorol: pentref y Parc ar y clawr, y stondin yn ffair y Bala, aelodau o gangen y Ganllwyd a llawer o ddelweddau eraill. Daeth ail rifyn o'r wasg yn Nhachwedd 1968, trydydd ym mis Chwefror 1969 a phedwerydd ym Mai y flwyddyn honno. Erbyn dechrau 1970 rhoddwyd enwau'r tymhorau i'r rhifynnau a dechrau cyhoeddi pedwar rhifyn y flwyddyn. Erbyn hyn, *Y Wawr* yw'r cylchgrawn i ferched hiraf ei oes yng Nghymru.

Yn y blynyddoedd cynnar fe sefydlodd sawl cangen o Ferched y Wawr ysgolion meithrin, a hynny cyn ffurfio'r Mudiad Ysgolion Meithrin. Mae llun o Ysgol Feithrin Merched y Wawr Llanfyllin yn y cylchgrawn cyntaf a chredaf i ysgol feithrin gael ei sefydlu gan gangen Llansannan tua'r un pryd.

Hoffwn hefyd grybwyll bod Merched y Wawr wedi trefnu taith dramor i Lydaw yn 1972, y gyntaf o lawer o deithiau. Zonia Bowen oedd wrth yr awenau a buom yn aros yn Rennes, yn adeiladau'r Brifysgol yno. Cawsom dripiau dyddiol i wahanol rannau o Lydaw a chofiaf yn iawn am yr hwyl a gawsom. Gofynnwyd i ni baratoi rhaglen o ryw hanner awr i'w chyflwyno ar Radio Llydaw. Roedd hyn yn fraint fawr gan mai dim ond am awr yr wythnos yr oedd Radio Llydaw yn darlledu bryd hynny. Cofiaf fod un ohonom yn gantores o fri a oedd yn fodlon canu unawd. Yn anffodus, roedd ei dannedd gosod braidd yn rhydd ac roedd ganddi ofn iddynt ddod allan yn ystod y perfformiad. Cafodd y broblem ei datrys pan aeth un o Ferched y Wawr i'r stryd tu allan a phrynu gwm cnoi o beiriant! Gweithiodd yn iawn a chafwyd datganiad ardderchog ganddi. Stori wir bob gair!

Wrth edrych yn ôl ar yr hanes, gwelaf i'r Parc ddod yn grud i Ferched y Wawr diolch i rai pethau penodol. I ddechrau, diolch bod Geraint a Zonia Bowen wedi dod i fyw i'r Parc yn 1965. Roedden nhw'n gyfarwydd iawn â sut y gellid defnyddio'r Eisteddfod i hyrwyddo ein bwriad ac fe fu eu cymorth nhw yn rhan allweddol o'r llwyddiant. Diolch hefyd mai yn y Bala yr oedd yr Eisteddfod yn 1967. A diolch am yr hedyn a blannwyd yn y cyfarfod hwnnw pan ddaeth swyddogion y WI i'r Parc a phan ofynnodd un o'n haelodau y cwestiwn allweddol: "Pam na allwn ni gael sefydliad Cymraeg i ferched Cymru?"

Cofier nad oedd yn fwriad gennym ni, ferched y Parc, ddechrau mudiad newydd na gadael y WI bryd hynny. Cymreigio'r scfydliad hwnnw oedd ein bwriad, ond diolch am help rhagluniaeth. Diolch i ferched y Parc a'r Ganllwyd am roi eu hysgwyddau dan y baich a diolch hefyd am ferched dewr a ymatebodd yn y cyfarfod ym Mhabell y Cymdeithasau ac a aethant adref i lu o drefi a phentrefi trwy Gymru i sefydlu canghennau o fudiad sydd wedi gwneud cymaint er budd yr iaith Gymraeg.

Sylwen Lloyd Davies
Llywydd Anrhydeddus

Atgofion y Trefnydd Cenedlaethol cyntaf

PWY FYDDAI AM fod yn Drefnydd Cenedlaethol Merched y Wawr? Wel, fi mae'n amlwg, yn enwedig ar ddechrau'r 1980au. Roeddwn wedi bod yn Ysgrifennydd Cenedlaethol am dair blynedd rhwng 1973 ac 1976 yn gwneud y gwaith yn wirfoddol a mwynhau pob munud a phob agwedd ar y swydd. Wrth gwrs, roeddwn gartref yn gofalu am ddwy ferch fach ddwy a thair oed, ac er bod hyn yn waith pleserus roedd cael swydd wirfoddol Ysgrifennydd Cenedlaethol yn hogi'r ymennydd a rhoi cyfle i mi fynd allan a chymdeithasu gyda merched eraill.

Ond nawr roedd cyfle i wneud hynny a chael fy nhalu. Swydd ddelfrydol! Wrth gwrs, roedd llawer o bobl yn meddwl fy mod yn cymryd cam gwag – gadael swydd ddysgu ddiogel i ymgymryd â gwaith oedd yn cynnig hanner y cyflog yr oeddwn yn ei dderbyn fel athrawes. Ond dyna wnes i. Difaru? Naddo. Bu'n ddeng mlynedd bodlon iawn yn fy mywyd a chyfnod pan ges gyfle i fod yn rhan o ddatblygu mudiad oedd yn agos at fy nghalon ac a fu'n rhan annatod o fy mywyd ers i mi ymuno yn gynnar iawn yn hanes Merched y Wawr.

Yn 1967 roeddwn i'n athrawes ifanc yn cychwyn ar fy ngyrfa ac yn byw yn Llanfyllin, sir Drefaldwyn. Roedd yr Eisteddfod Genedlaethol yn y Bala y flwyddyn honno, ac ar y Maes roedd stondin gan griw o ferched o'r Parc a oedd wedi cychwyn mudiad newydd i ferched. Bu cyfarfod cyhoeddus ym Mhabell y Cymdeithasau i hysbysebu'r mudiad newydd ac annog rhagor o ferched i ymuno. Yn y cyfnod hwn roedd y ddiweddar Marged Lloyd Jones, cyn-Lywydd Anrhydeddus Merched y Wawr, yn byw yn Llanfyllin a phan ddychwelais ar ôl gwyliau'r haf dywedodd, "Mae'n rhaid i ni ddechrau cangen o Ferched y Wawr yma yn Llanfyllin." A dyna a wnaethom, gyda Marged yn Llywydd a minnau'n Ysgrifenyddes.

Dwy ar hugain oed oeddwn i ac roedd llawer o'm cyfoedion hefyd yn aelodau ac yn cymdeithasu'n hapus gyda merched o bob oed yn y gangen. Roeddwn yn perthyn i aelwyd yr Urdd, cwmni drama a chôr lleol felly roedd ymuno â MyW yn gam naturiol wrth gymryd rhan yng ngweithgaredd cymdeithasol Cymraeg yr ardal. Roedd gwrthwynebiad i'r mudiad newydd oddi wrth rai o aelodau Sefydliad y Merched ac roedd llawer o Gymry'n gwrthod ymuno â MyW gan ofni ei fod yn fudiad gwleidyddol oherwydd ein bod yn cynnal ein gweithgareddau'n gyfan gwbl drwy gyfrwng yr iaith Gymraeg. Roedd cymdeithasau chwiorydd y capeli'n gryf yn y cyfnod hwn ac roedd angen pwysleisio nad oedd MyW yn fudiad enwadol crefyddol. Dyna pam y nodwyd hyn yn glir wrth lunio'r Cyfansoddiad yn y cyfarfod cenedlaethol cyntaf hwnnw ym mis Rhagfyr 1967 yn Swyddfa'r Urdd, Aberystwyth.

Gallaf edrych 'nôl a dweud fy mod yn y cyfarfod hanesyddol hwn a'r geiriad y cytunwyd arno oedd bod 'croeso ynddo i ferched o bob plaid ac enwad' a hyd yn oed heddiw mae'n nodi yn glir: 'Bydd y Mudiad yn fudiad gwladgarol yn amhleidiol yn boliticaidd ac yn anenwadol yn grefyddol.' Ond dyw hynny ddim yn golygu nad ydym yn ymwneud â materion gwleidyddol a sefyllfaoedd crefyddol. Penodiad pwysig a wnaed yn y cyfarfod cyntaf hwnnw oedd dethol Llywydd Cenedlaethol i'r mudiad a dewiswyd Miss Gwyneth Evans, Cricieth. Rydym, wrth gwrs, yn cydnabod gweledigaeth merched y Parc a ddechreuodd y mudiad ac yn cydnabod unigolion fel Zonia Bowen am roi trefn ar weithgareddau ar y cychwyn, ond mae ein dyled yn fawr i'r ddiweddar Gwyneth Evans. Roedd yn gyn-arolygydd ysgolion, yn wraig ddoeth a chadarn, a chredaf mai hi, yn anad neb, fu'n gyfrifol am agor degau o ganghennau yn y cyfnod cynnar. Ddiwedd haf 1978 bu ar daith genhadol drwy siroedd y De ac roedd ei dawn i areithio ac ysbrydoli yn sicr yn fodd i chwyddo aelodaeth MyW. Roedd bob amser yn barod â'i chynghorion doeth a cham naturiol oedd ei dethol yn Llywydd Anrhydeddus cyntaf y mudiad.

Erbyn 1984 llwyddodd Merched y Wawr, gyda chymorth Mair Elvet Thomas, yr Ysgrifennydd Cenedlaethol ar y pryd, i gael cymhorthdal oddi wrth y Swyddfa Gymreig i gyflogi Trefnydd rhan-amser a sefydlu swyddfa. Cyn hynny roedd y mudiad yn dibynnu'n llwyr ar unigolion i weithio'n wirfoddol i'w redeg a chynnal gweithgareddau cenedlaethol. Fy nhasg gyntaf, felly, ar ôl fy mhenodi oedd sefydlu'r swyddfa hon. Cytunwyd y byddai'n fwy ymarferol i mi weithio o adref gan arbed costau llogi ystafell, a defnyddiwyd yr arian hwnnw i brynu offer swyddfa. Roeddwn wrth fy modd yn dysgu sgiliau newydd wrth ddefnyddio cyfrifiadur, argraffydd a llun-gopïwr ac roedd codi yn y bore a chamu i mewn i'r swyddfa fach yn bleser. Roedd rhywbeth gwahanol yn fy nisgwyl bob dydd a'r amrywiaeth honno yn rhoi boddhad.

Wrth gwrs, roedd yna strwythur i flwyddyn Merched y Wawr a gweithgareddau a chyfarfodydd rheolaidd. Unwaith y flwyddyn roedd Ysgol Breswyl a thaith dramor ac roedd angen sicrhau safleoedd yn yr Eisteddfod Genedlaethol, Eisteddfod yr Urdd a'r Sioe Amaethyddol. Yn y Sioe roedd cystadleuaeth gelf a chrefft i ranbarthau ac yn ddiweddarach cyflwynwyd cystadleuaeth gosod blodau i unigolion o'r rhanbarthau. Roedd dydd Mercher yr Eisteddfod Genedlaethol yn ddiwrnod a neilltuwyd gan Ferched y Wawr i gynnal cyfarfod yn Theatr y Maes. Byddai merched o bob rhan o Gymru yn tyrru yno a rhaid oedd cael dau gyfarfod er mwyn sicrhau bod pawb yn cael lle. Ddwywaith y flwyddyn cynhelid Pwyllgor Gwaith, Cyfarfod Blynyddol a thri is-bwyllgor – Dysgwyr, yr Anabl a Celf a Chrefft. Cofiwch fy mod yn gweithio ar fy mhen fy hun am y flwyddyn gyntaf ac yn 'rhan-amser'.

Buan iawn y sylweddolais fod angen newid trefniant rhai o'r gweithgareddau. Er enghraifft, cynhaliwyd yr Ysgol Breswyl yn Aberystwyth ers ei chychwyn yn 1970 ond penderfynwyd mynd â hi ar daith er mwyn rhoi cyfle i ferched o wahanol ardaloedd ymuno â ni, gan gychwyn yn Harlech ym mis Medi 1985. Yn wir, roedd yn arbrawf llwyddiannus ac fe ddyblwyd y nifer oedd yn mynychu. Bu'n rhaid lletya mewn dau le, sef Coleg Harlech a Gwesty Dewi Sant i fyny'r ffordd o'r coleg. Roedd y gweithgareddau'n cael eu cynnal ar gampws y coleg yn Theatr Ardudwy. Ond cafwyd peth anhawster ar y bore cyntaf – doedd staff y gwesty heb lwyr werthfawrogi angen eu lletywyr i godi'n gynnar a chyrraedd y theatr cyn naw! Rwy'n meddwl i rai merched fynd i helpu yn y gegin yn y diwedd er mwyn cael brecwast mewn pryd! Dyna i chi gryfder merched – go brin y byddai criw o ddynion wedi ymateb yr un fath. Dros y blynyddoedd nesaf trefnwyd ymweliadau â Chaerfyrddin, Llanbed, Abertawe a Bangor.

Roedd y Cyfarfod Blynyddol yn achosi problemau ar y pryd oherwydd y niferoedd oedd yn mynychu. Roedd lle'n brin yn neuadd Ysgol Penglais, Aberystwyth, a'r cadeiriau'n anghyfforddus i eistedd arnynt am bedair awr. Roedd y merched oedd yn dod o bob rhan o Gymru yn teimlo hefyd fod yr ysgol yn bell o'r dref ac nad oedd fawr o gyfle i ymweld â siopau yr un pryd! Felly, erbyn fy Nghyfarfod Blynyddol cyntaf roeddwn wedi sicrhau man cyfarfod cyfforddus iawn yn sinema'r Commodore – safle yng nghanol tref Aberystwyth oedd yn cynnig cyfle i'r aelodau fynd i siopa a chael paned cyn ac ar ôl y cyfarfod. Roedd hen siop Ellis yn boblogaidd iawn. Mae hi wedi cau erbyn hyn ond roedd yn siop ddillad merched enwog ar y pryd, tebyg iawn i Ededa J yng Nghastellnewydd Emlyn heddiw, ac roedd lle lan lofft i gael paned.

Newidiwyd lleoliad yr is-bwyllgorau hefyd o westy'r Richmond yn y dref i Goleg y Llyfrgellwyr. Roedd yno ddigon o le i barcio, lle i gael bwyd yn rhad ac ystafell i bob is-bwyllgor. Bu'r Pwyllgor Gwaith yn cyfarfod yma hefyd am gyfnod cyn symud i westy Llety Gwyn yn Llanbadarn.

Un o uchafbwyntiau'r flwyddyn i mi fyddai trefnu'r daith flynyddol, a honno i wlad dramor. Yn ystod y flwyddyn gyntaf penderfynais drefnu taith tair noson i Baris ac roedd yn ddewis poblogaidd oherwydd fe lenwyd tri bws. Cychwynnwyd trefnu teithiau yn gynnar iawn yn hanes y mudiad ac aeth y daith gyntaf i Lydaw yn 1972. Pam trefnu teithiau? Wel, roedd yn gyfle i ferched sengl gael gwyliau gyda merched oedd yn rhannu'r un diddordebau, ac i wragedd priod roedd yn egwyl oddi wrth y gŵr a'r plant!

Fel gyda phob digwyddiad, am wn i, cafwyd troeon trwstan ar y daith i Baris. Yn gyntaf, cofiaf i ni ymweld â chanol y ddinas, yn y bysys, er mwyn cael prynhawn rhydd a rhoddwyd rhybudd i bawb fod 'nôl yn y bws erbyn 4 o'r gloch. Chwarae teg, fe ddaeth pawb 'nôl ar wahân i ddwy – sydd ddim yn ganran ddrwg o gofio'r tri llond bws. Mam a merch o gefn gwlad oedd y ddwy, cymeriadau yr ymddengys nad oeddent wedi bod yn bell o'u milltir sgwâr erioed, heb sôn am gael eu gadael yn rhydd yng nghanol Paris! Sut oedd dod o hyd iddynt? Cofiwch fod hyn ymhell cyn dyddiau ffonau symudol. Er i rai ohonom gerdded o gwmpas y sgwâr ac i lawr rhai o'r strydoedd, doedd dim golwg ohonynt. Ar ôl tri chwarter awr o aros ofer, penderfynwyd mynd 'nôl i'r gwesty ac y byddai un o'r gyrwyr a finnau'n dod 'nôl i'r sgwâr yn hwyrach. Pan gyrhaeddon ni'r gwesty – taith o rhyw hanner awr – pwy oedd yn eistedd yn y cyntedd yn mwynhau paned o goffi ond y ddwy golledig! Roeddent wedi sylweddoli eu bod ar goll ac wedi cael tacsi 'nôl i'r gwesty!

Ydy'r ddihareb fodern hon yn wir? 'Peidiwch â gadael menywod yn rhydd mewn siopau.' Efallai wir, oherwydd fe ddigwyddodd un anffawd arall ar y daith gyntaf honno. Ar y bore olaf daeth yn amlwg ein bod yn mynd i gyrraedd porthladd Calais lawer yn rhy fuan i ddal y fferi. Felly, awgrymodd un o'r gyrwyr ein bod yn mynd i archfarchnad enfawr oedd newydd agor ac yn gwerthu popeth, lle roedd llawer o fargeinion i'w cael. Syniad gwael. Y canlyniad oedd i rai o fenywod bws y Canolbarth fethu cyrraedd 'nôl mewn pryd a chollodd eu bws y fordaith. Bu'n rhaid iddynt aros oriau am yr un nesaf!

Cytunwyd y byddem yn cael taith hir ac un fer am yn ail er mwyn galluogi cynifer o ferched â phosib i fanteisio ar y cyfle. Roedd rhai merched ddim ond yn medru treulio dwy neu dair noson oddi cartref, tra oedd eraill yn medru mynd i ffwrdd am wythnos. Penderfyniad arall oedd ceisio mynd i wledydd lleiafrifol a chreu cysylltiad gyda merched yn y gwledydd hynny – i'r Wladfa, Rwsia, yr Iseldiroedd, yr Eidal, Jersey, Twrci a Ffrisland.

Dyna sut y cyfarfu criw ohonom, gan gynnwys Glenys Jones, Llanfyllin, Golygydd *Y Wawr* ar y pryd, â menywod o Rwsia ym mhencadlys *Soviet Women* ac yr ymddangosodd llun ac erthygl amdanom yn y cylchgrawn. Cawsom gyfle i drafod sefyllfa addysg ac ieithoedd lleiafrifol ond roeddem yn ymwybodol iawn fod rhywun yn gwrando ar ein sgwrs. Er bod y menywod y cyfarfyddon ni â nhw yn ffein iawn roedd camerâu ym mhedwar cornel yr ystafell yn ein gwylio.

Yn ogystal â chynnal y gweithgareddau oedd yn bodoli eisoes, roeddwn yn naturiol yn awyddus i feddwl am ffyrdd o ddatblygu a chynnig syniadau newydd. Roedd chwaraeon a chadw'n heini yn dod yn fwy poblogaidd a gwelsom ffordd o ddenu aelodau newydd, ifanc i'r mudiad. Er hynny, roedd angen i'r chwaraeon adlewyrchu ystod oedran yr aelodaeth felly dewiswyd chwaraeon corfforol a llai corfforol. Er bod canghennau'n trefnu teithiau cerdded, gwersi nofio a gwersi cadw'n heini, doedd dim gweithgaredd cenedlaethol i gefnogi hyn. Felly yn ystod y flwyddyn gyntaf es ati i drefnu cystadlaethau fel tennis bwrdd, pêl-rwyd, sboncen a dominos.

Y bwriad oedd cynnal y cystadlaethau'n rhanbarthol ac i'r enillwyr ddod i gystadleuaeth genedlaethol ar brynhawn dydd Sadwrn yr Ysgol Breswyl yn Harlech. O edrych yn ôl, tipyn yn ddibrofiad oedd y paratoadau ond fe ddaeth cynrychiolwyr o bob rhan o Gymru ac fe daniwyd dychymyg yr aelodau. Fe gynhaliwyd rownd derfynol y pêl-rwyd yn neuadd Ysgol Harlech ac rwy'n cofio i rai merched profiadol gwyno nad oedd y llawr yn addas i gystadleuaeth o'r fath. Yna, sefydlwyd Is-bwyllgor Chwaraeon i roi trefn iawn ar y gweithgareddau a chynhaliwyd y cystadlaethau yn y Drenewydd nes cael cartref parhaol yng Nghanolfan Hamdden Machynlleth. Oherwydd y diddordeb cynyddol mewn chwaraeon trefnwyd Ysgol Undydd Genedlaethol ym Mhlas Menai dan nawdd y Cyngor Chwaraeon a chafwyd diwrnod difyr yn dysgu hwylio, canŵio a hwylfyrddio. Dangosodd y teledu ddiddordeb yn y fenter a bu Gwyn Llywelyn a chriw *Hel Straeon* yno'n ffilmio.

Roedd gennym gystadleuaeth celf a chrefft flynyddol. Eto, byddai cystadleuaeth yn y rhanbarthau a'r enillwyr yn dod ymlaen i'r Sioe Amaethyddol yn Llanelwedd i gystadlu'n genedlaethol. Roedd yna deimlad fod angen arweiniad ar yr aelodau ac felly, am y tro cyntaf, trefnwyd Ysgol Undydd ym Mhlas Trelydan ger y Trallwng, a chawsom hyfforddiant ar drefnu blodau, brodwaith a choginio. Daeth merched o bob rhan o Gymru a bu'r diwrnod yn llwyddiant, felly penderfynwyd trefnu Ysgol Undydd yn flynyddol – a ddatblygodd i fod yn ddeuddydd – a'i chynnal ym Mhlas Gregynog ger y Drenewydd.

Hanfod Merched y Wawr, wrth gwrs, yw hybu materion

merched a hybu'r iaith a diwylliant Cymru. I'r diben hwn bu'r mudiad yn ymgyrchu'n gyson dros faterion sy'n agos at ei galon. Yn ystod fy amser trefnwyd dwy lobi i Dŷ'r Cyffredin yn Llundain – un yn ymwneud â gwasanaeth sgrinio canser y fron a'r llall i hawlio Deddf Iaith newydd. Buom hefyd ar sawl rali yng Nghaerdydd ac yn rhan o ddirprwyaeth i'r Swyddfa Gymreig yn galw am Ddeddf Iaith newydd. Er i fudiadau Cymraeg eraill uno â ni yn yr ymgyrch hon roedd rhwydwaith MyW yn ffordd o sicrhau pŵer i'r fenter. Roeddem yn gofyn i'r holl ganghennau lythyru Aelodau Seneddol ac roeddem yn medru sicrhau niferoedd yn y cannoedd i fod yn bresennol yn y ralïau a'r lobïau hyn. Er enghraifft, daeth 300 o ferched i Dŷ'r Cyffredin i gynnal lobi a mynnu gwasanaeth sgrinio canser y fron yng Nghymru i ferched, ac ymhen amser fe gafwyd gwasanaeth o'r fath ac fe sefydlwyd Bron Brawf Cymru.

Ar ddiwedd y 1980au roedd iechyd yn bwnc poblogaidd a llawer yn gofyn am weithgaredd cenedlaethol i ateb y galw. O gofio ein hymgyrch dros wasanaeth sgrinio canser y fron dechreuwyd trefnu Ysgolion Undydd ar bynciau iechyd, eto yng Ngregynog, a ffurfiwyd Is-bwyllgor Materion Iechyd i gynnig arweiniad yn y maes. Un flwyddyn, o dan nawdd Bwrdd Hybu Iechyd Cymru, cynhaliwyd ymgyrch colli pwysau genedlaethol ac fe gafodd y gangen oedd wedi colli'r pwysau mwyaf ginio yng ngwesty Portmeirion a gwobr ariannol ac fe gafodd yr aelod unigol oedd wedi colli'r pwysau mwyaf ei gweddnewid gan griw proffesiynol.

Fy nghred oedd bod angen i Ferched y Wawr fod yn rhan o'r byd ehangach, a datblygwyd cynrychiolaeth mewn sefydliadau a mudiadau fel Dolen Cymru, NCW (National Council of Women), Cymdeithas Cysylltiadau Cyhoeddus Cymru, Mudiad Ysgolion Meithrin a Rhieni dros Addysg Gymraeg. Dangoswyd nad mudiad mewnblyg oedd MyW ond ei fod yn fudiad a allai gyfrannu a gwneud gwahaniaeth i fywyd ehangach yng Nghymru a thu hwnt. Ehangwyd y cysylltiadau erbyn heddiw ac mae'r mudiad yn cael ei gyfrif yn un dylanwadol o fewn y Gymru gyfoes. Mae'n fudiad sy'n medru gwneud gwahaniaeth.

Trwy fy nghysylltiad â Dolen Cymru y ces y profiad amhrisiadwy o fynd i Lesotho am dair wythnos yn 1992 ac aros yng nghartref Malikalelei Mokokoane, Llywydd mudiad yr Homemakers. Roedd yn ei chwedegau cynnar pan ddes i'w hadnabod, yn wraig ddiwylliedig iawn ac arweinydd sicr i'w hachos. Yn wahanol i FyW, nod yr Homemakers oedd sicrhau bod menywod llai dysgedig yn Lesotho yn cael dysgu sgiliau fel gwnïo a ffermio er mwyn bod yn hunangynhaliol. Roedd pwyslais hefyd ar addysg iechyd ac atal cenhedlu.

Roeddwn yn aros yng nghartref Mali a'i gŵr, ac er bod ei byngalo hi'n gartrefol iawn doedd amgylchiadau eraill ddim cystal. Roedd ystafell ymolchi yn y tŷ ond roedd yn rhaid berwi dŵr mewn crochan mawr yn yr ardd i gael bath. Oedden, roedd y rhan fwyaf o'r bobl yn dlotach na ni ond yn hapus iawn ac amser yn golygu dim byd iddynt. Maseru oedd y brifddinas a dim ond un ffordd darmac oedd yn rhedeg drwy'r wlad. Unwaith y byddech yn gwyro oddi ar hon byddech ar lwybr tywodlyd, caregog. Roedd adeiladau a thai tebyg i'n rhai ni yn y dref ond yn y wlad roedd pobl yn byw mewn bythynnod crwn gyda tho gwellt neu 'rondavel'.

Bu Mali yng Nghymru rhyw ddwy flynedd ynghynt ac arhosodd yn fy nghartref gan fynychu un o'n Hysgolion Preswyl Crefft yng Ngregynog. Ces fy ariannu gan y Cyngor Prydeinig i fynd i Lesotho a fy rôl oedd mynychu a siarad yng nghynhadledd yr Homemakers gan deithio'r wlad i weld y gwaith yr oeddent yn ei wneud. Rwy'n cofio mynd i glinig yn un o'r pentrefi lle roedd merched yn cael brechiad i'w hatal rhag cenhedlu. Roedd yr arfer hwn yn anghyfreithlon yn y Gorllewin ond, yn yr ardal hon, dyma'r dull mwyaf effeithiol gan fod merched yn anghofio cymryd pilsen neu, yn waeth, y dynion yn eu taflu petaent yn dod i wybod. Roeddent yn cadw'r pigiadau'n gyfrinach rhag eu gwŷr.

Ar y pryd, eu gwir angen oedd am beiriannau gwnïo i alluogi'r merched i wneud dillad ysgol a'u gwerthu er mwyn cynnal eu hunain. Nid peiriannau trydan soffistigedig fel oedd gennym ni yng Nghymru oedd eu hangen ond peiriannau llaw fel y rhai oedd yn llechu yn atig sawl un ohonom. Ar ôl dod 'nôl, felly, trefnais ymgyrch i gasglu'r peiriannau gwnïo hyn ac fe gafwyd 50 ohonynt. Nawr roedd angen eu hanfon i Dde Affrica, a threfnwyd bod y canghennau'n cynnal wythnos o wau noddedig. Byddai'r sgwariau a gafodd eu gweu yn ffurfio blancedi i Oxfam a'r arian fyddai'n cael ei godi yn talu am anfon y peiriannau i Lesotho. Bu garej Slaters Abergele hefyd yn hael yn rhoi benthyg fan am ddim i gludo'r peiriannau i ganolfan yn Southampton cyn iddynt gael eu hallforio i Dde Affrica. Roedd arian dros ben ac fe'i defnyddiwyd i gyhoeddi llyfryn tairieithog o straeon gwerin Cymru a Lesotho, sef *Y Ddolen Aur*.

Rydym wedi hybu cyhoeddi nifer o lyfrynnau Cymraeg ac yn ystod fy nghyfnod cyhoeddwyd llyfryn Cymraeg o reolau NAFAS (y gymdeithas gosod blodau) a sawl llyfryn i helpu swyddogion wrth eu gwaith e.e. Canllawiau i Ysgrifenyddion / Trysoryddion / Llywyddion a chanllawiau i ranbarthau wrth baratoi stondin Merched y Wawr yn y gwyliau cenedlaethol.

Ar ddechrau'r 1990au roedd tipyn o sylw yn cael ei roi i bwnc menter a busnes. Erbyn hyn roedd mwy o ferched yn mynd allan i weithio neu'n dymuno sefydlu eu busnesau eu hunain ac roedd angen i FyW symud gyda'r oes a darparu gweithgaredd fyddai'n cefnogi hyn. Cynhaliwyd diwrnod ym Mhlas Dolguog, Machynlleth, i aelodau'r Pwyllgor Gwaith, o dan nawdd Menter a Busnes. Roedd yn gyfle i arbrofi gyda Chwylbro, gêm newydd a gynigiwyd i ganghennau. Bu dwy gangen yn cymryd rhan mewn cynllun peilot oedd yn rhoi cyfle i grŵp o bobl greu busnes ffug yn eu cymuned a dysgu am y sgiliau oedd eu hangen i sefydlu a marchnata'r fath fenter. Dewiswyd Beulah, fy nghangen i, fel un o'r canghennau ac rwy'n siŵr iddo ysgogi sawl aelod i greu 'busnes' yn eu cartref. Roedd hefyd yn ffordd o roi hyder yn yr aelodau i ymgymryd â swyddi o fewn y mudiad.

Ar ôl naw mlynedd yn y swydd roeddwn yn gweld angen mawr i geisio denu merched ifanc i'r mudiad. Er yr holl weithgaredd oedd yn cael ei gynnig, roedd yn anodd denu merched ifanc i'r canghennau. Roedd sefyllfa merched wedi newid. Roedd mwy o ferched yn gweithio a llai o amser ganddynt i'w roi i fudiadau gwirfoddol – neu dyna'r gri beth bynnag. Daeth y syniad o sefydlu Clwb Gwawr ar ôl sgwrs gydag aelod o Fenter Iaith Cwm Gwendraeth, oedd newydd gael ei sefydlu. Roedden nhw'n awyddus i baratoi gweithgaredd Cymraeg i'r to ifanc a dechreuwyd Clwb Gwawr yno fel cynllun peilot a thipyn o arbrawf. Rhoddais yr enw Clwb Gwawr arno oherwydd bod y gair 'clwb' yn swnio'n fwy ffasiynol na 'changen' a bod 'Gwawr' yn enw merch ac yn adlewyrchu enw'r mudiad – Merched y Wawr.

Y syniad gwreiddiol oedd y byddai gennym ddwy ris – clwb a changen – yr un fath â'r Urdd, lle ceir adran ac aelwyd, ac y byddai un yn bwydo'r llall wrth i'r aelodau fynd yn hŷn. Byddai'r Clybiau Gwawr yn gyfle i ferched ifanc o dan 40 oed gymdeithasu â'i gilydd mewn modd anffurfiol drwy gyfrwng y Gymraeg. Llaciwyd y pwyslais ar ffurfioldeb fel cadw cofnodion a phwyllgora.

Roedd gwrthwynebiad i'r syniad a llawer yn methu deall pam na fyddai merched ifanc yn ymaelodi â'r canghennau oedd eisoes yn bodoli. Doeddwn i ddim yn meddwl bod sefydlu Clybiau Gwawr yn peryglu'r canghennau a'm cred oedd y byddai'r ddau yn cyd-gerdded. Teimlwn mai methiant ar y cyfan, yn enwedig mewn ardaloedd trefol mwy poblog, fu'r ymdrech i berswadio menywod ifanc i ymuno â changhennau felly roedd rhaid cynnig opsiwn gwahanol. Roedd y sefyllfa'n wahanol mewn ardaloedd gwledig, lle roedd aelodaeth y canghennau yn iau. Er i rai clybiau gael eu sefydlu cyn i mi orffen fel Trefnydd, araf fu'r cynnydd dros y blynyddoedd dilynol. Rwy'n falch o nodi erbyn hyn fod y Clybiau Gwawr wedi datblygu ac mae llawer o'r diolch am hynny i'r Swyddogion Datblygu sy'n gweithio yn y maes. Mae ein haelodaeth ar gynnydd a hynny diolch i'r Clybiau Gwawr. Y rhain, wedi'r cyfan, yw dyfodol y mudiad.

Yn ystod fy neng mlynedd fel Trefnydd ces gymorth llawer o Swyddogion Cenedlaethol a chydweithio'n hapus gyda phob un ohonynt. O fewn llai na deunaw mis roedd fy swydd wedi newid yn un lawn amser. Yn ystod fy nghyfnod dechreuwyd cyflogi Swyddogion Datblygu rhan-amser ac erbyn i mi orffen roedd tair yn gweithio yn y maes – Meira Roberts, Abergele, Mena Jones, Blaenau Ffestiniog a Margaret Lloyd Hughes, Caerdydd. Erbyn y 1990au roeddwn wedi cael cymorth Ysgrifennydd rhan-amser yn y swyddfa yn fy nghartref yn Aber-porth. Tra bûm yn gweithio o'r fan honno ces wasanaeth Maureen Davies, Beulah, ac ar ôl symud i Stryd Portland, Aberystwyth, bu Megan Mai, Tal-y-bont gyda fi.

Gwelwyd datblygiadau mawr erbyn canol y 1990au. Roedd gennym 10,000 o aelodau. Roedd llawer mwy o weithgareddau'n cael eu cynnig, llawer mwy o ferched yn cael eu cyflogi i redeg y mudiad ac roedd gennym swyddfa ganolog yn Aberystwyth. Roedd MyW wedi datblygu i fod yn fudiad dylanwadol yng Nghymru ac yn fudiad pwerus oedd yn ennyn parch. Er y twf a fu, roedd yn dal i gynnal y weledigaeth graidd sef rhoi cyfle i fenywod ddatblygu ac arddangos eu doniau, i gymdeithasu a gwneud ffrindiau yn eu cymuned ac ar draws Cymru a gwneud gwahaniaeth i'w cymunedau ac i bobl llai ffodus ar draws y byd, a hynny drwy gyfrwng yr iaith Gymraeg. O ystyried y peth, mae Merched y Wawr yn fudiad hollol unigryw ac mae bod yn aelod ohono yn anrhydedd fawr.

Mererid Jones
Llywydd Cenedlaethol 2010–2012

Degawd a mwy...

PAN GYCHWYNNAIS AR y gwaith o fod yn Drefnydd a Swyddog Datblygu Merched y Wawr 'nôl yn 1999, prin y meddyliais y byddwn yn dal yn y swydd ac yn Gyfarwyddwr Cenedlaethol erbyn 2012! Mae llawer iawn wedi digwydd yn ystod y cyfnod hwnnw, gan gynnwys agor Canolfan Genedlaethol Merched y Wawr yn Stryd yr Efail, Aberystwyth, ac mae'n wir i ddweud mai'r fan hon bellach yw cartref ein mudiad.

Mae wedi bod yn bleser croesawu cynifer o aelodau i'r Ganolfan yn rheolaidd, rhai yn dod â briwfwyd, mapiau a sêr ar gyfer cystadlaethau y Ffair Aeaf, eraill yn dod i gael cymorth i lenwi ffurflenni nawdd ar gyfer teithiau addysgiadol a hwyliog y canghennau, ac yma hefyd y cynhelir aml i noson gan y Clybiau Gwawr – un tro bu dros 30 ohonom â'n traed mewn padelli a bwcedi yn mwynhau cael ein pampro! Rwy'n sicr iawn y byddai Azariah Shadrach, y gweinidog a fu'n gyfrifol am adeiladu'r capel gwreiddiol, yn falch iawn o'r Ganolfan Gymunedol. Bellach mae tua 50 o grwpiau'n defnyddio'r adeilad, gan amrywio o ddosbarthiadau Cymraeg i gymorth cyntaf, addurno cacennau a nosweithiau cymdeithasol, o ioga i bartïon plant.

Cyn yr agoriad yn y flwyddyn 2000, cartref y Groes Goch ac Urdd Sant Ioan ydoedd. Roedd nawdd y Loteri Genedlaethol yn allweddol o ran ein galluogi i brynu'r adeilad, ond yr un mor bwysig oedd haelioni a gwaith caled yr aelodau a fu'n gyfrifol am addurno a phrynu dodrefn. Mae'r muriau oddi fewn yn gyfoeth o waith creadigol gan gynnwys sampler, baneri rhanbarthol a'r cwilt hyfryd a luniwyd i ddathlu pen-blwydd y mudiad yn 25 oed yn 1992.

Ar 1 Mawrth 2000, agorwyd y Ganolfan gan Marged Lloyd Jones, ein Llywydd Anrhydeddus ar y pryd, a Sylwen Lloyd Davies, y Llywydd Cenedlaethol a oedd newydd ddychwelyd o Lesotho. O'm rhan i, ni fues erioed yn fy mywyd yn fwy balch o gael blwyddyn naid, gan i lawer iawn o waith paratoi ar gyfer yr agoriad gael ei wneud ar y 29ain o Chwefror. Roedd llond lle o aelodau lleol, staff a ffrindiau mor ddiwyd â haid o forgrug y diwrnod cynt a nifer fawr o'r gweithwyr yn yr adeilad o hyd yn gosod y carped, gorffen paentio a chysylltu'r dŵr i'r tai bach! Ac nid anghofiaf byth mo'r lori fechan yn cyrraedd gyda 10,000 o *serviettes*, ac yn syth wedi hynny ymddangosiad lori arall ac ynddi'r goedwig o blanhigion yr oeddem yn cael eu benthyg ar gyfer yr agoriad – sôn am golli chwys. Yna mi es i a Richard, y gŵr, i fwynhau noson o gawl gyda changen Mynach yng Ngwesty Dyffryn Castell, gan ddychwelyd i'r swyddfa cyn canol nos gyda brwsh llawr a dwster i sicrhau bod pob gweithiwr wedi diflannu a phob dim yn barod ar gyfer y bore.

Cafwyd agoriad bendigedig â chynrychiolwyr o bob rhanbarth yng Nghymru yn bresennol i fwynhau'r adloniant, y sgwrsio a'r hel atgofion. Gyda'r hwyr cynhaliwyd cyngerdd fawr i ddathlu yng Nghapel y Tabernacl, capel a losgwyd yn ulw ychydig flynyddoedd yn ôl. Dim ond ddwywaith yn hanes y Ganolfan y cafwyd problemau. Yn ystod y nos ar ôl yr agoriad swyddogol, fe dorrodd rhywun i mewn a dwyn y bocs casglu arian i elusen. Yna, ychydig flynyddoedd yn ddiweddarach, fe dorrodd llanc ifanc i mewn a dwyn arian a gemwaith y mudiad, ond trwy ddyfeisgarwch cymdogion a'r gofalwr ar y pryd fe gadwyd ef yn y cyffiniau nes i'r heddlu gyrraedd.

Cyn hynny roedd swyddfa'r mudiad yn yr Hen Goleg yn Aberystwyth, ac fe brofais gyfnod byr, ond pleserus, yng nghwmni Megan Mai, y Swyddog Gweinyddol. Ar ôl hynny, newidiodd y strwythur staffio yn gyflym ac erbyn hyn, trwy nawdd grant Bwrdd yr Iaith, rydym yn cyflogi 13 o staff. (Petai pawb yn llawn amser byddai hyn yn cyfateb i bump a hanner aelod o staff ar draws Cymru.) Cafwyd cydweithio bodlon dros y blynyddoedd gyda staff a swyddogion Bwrdd yr Iaith, a hwy fu'n gyfrifol am drefnu'r cyfarfodydd gyda'r prif bartneriaid sydd wedi galluogi nifer o fudiadau i gydweithio ar brosiectau sy'n hyrwyddo'r iaith Gymraeg a gweithgarwch cymunedol.

Un person bach mewn tîm o bobl wyf i, ac mae gan bob un rôl allweddol, yn arbennig y staff yn y swyddfa sy'n cynnal pob dim, a'r Swyddogion Datblygu a Hyrwyddo Clybiau Gwawr sydd allan ar lawr gwlad yn sicrhau dyfodol llwyddiannus i'n cymunedau. Dros y blynyddoedd diwethaf buom yn ffodus i gael myfyrwyr o Brifysgol Aberystwyth yn y swyddfa ar brofiad gwaith ac fe gawsom lawer o brofiadau diddorol a hwyliog gydag Elen Barrar, Enfys Hatcher a Catrin Jones. Byddaf yn aml yn meddwl am y mudiad fel jig-so gyda phob aelod yn ddarn allweddol sy'n creu'r cyfanwaith. Yn ogystal, mae rôl enfawr a phwysig iawn gan y cannoedd o wirfoddolwyr sy'n gweithio'n ddiflino yn enw Merched y Wawr a'r Clybiau Gwawr, ac yn arbennig swyddogion y Pwyllgorau Cenedlaethol y mae eu cyfraniad yn allweddol wrth arwain y mudiad.

Mae bod yn gyfarwyddwr yn swydd ryfedd gan fod fy mhennaeth, sef y Llywydd Cenedlaethol, yn newid bob dwy flynedd. Ond gallaf ddweud â llaw ar fy nghalon fod gennyf barch enfawr at bob yr un ohonynt am yr ymroddiad, y weledigaeth a'r brwdfrydedd heintus sy'n mynd â'n mudiad i gynifer o wahanol gyfeiriadau diddorol. Ers i mi gychwyn yn y swydd mae'r canlynol wedi arwain gyda gweledigaeth: Sylwen Lloyd Davies, Catrin Stevens, Gwyneth Morus Jones, Glenys Thomas, Mary Price, Esyllt Jones, Mererid Jones a'r Is-lywydd Gill Griffiths. Yn ystod fy nghyfnod bu'r dywediad

'Trysorwch eich trysoryddion' hefyd yn wir, yn ogystal â'r ysgrifenyddion a fu'n ysgrifennu a phrosesu miloedd ar filoedd o eiriau yn flynyddol, a'r swyddogion gwirfoddol y bu eu hymrwymiad dros y blynyddoedd yn amhrisiadwy.

Cynhelir rhai digwyddiadau yn flynyddol, megis y Cyfarfod Blynyddol sydd bellach wedi datblygu'n Ŵyl Haf, Chwaraeon Cenedlaethol a llwyfan i ddysgwyr disglair, a phob un yn cael ei chynnal ym Machynlleth. Cofiaf gynnal un o'm Cyfarfodydd Blynyddol cynharaf yn sinema'r Commodore yn Aberystwyth, a gofynnwyd yn garedig i aelodau ddod â dillad ar gyfer siopau elusen gyda hwy. Bois bach, am ymateb! Roedd pentyrrau o fagiau bin du ym mhob man a bu'n rhaid cael sawl llwyth i'w cludo i fyny i'r Ganolfan. Yn ystod yr Ŵyl Haf gwelwn amrywiaeth eang o dalentau'r aelodau, o chwaraeon i waith celf ac adloniant sy'n gwneud i rywun chwerthin cymaint nes eich bod yn meddwl na allwch chwerthin dim mwy. Bu rhai o fawrion ein cenedl yn annerch y Cyfarfod Blynyddol yn ystod adegau o bwys gan gynnwys Dafydd Iwan, Hafina Clwyd, Meri Huws, Dai Jones, Iona Jones, Geraint Lloyd, Ann Beynon, Alun Ffred a Dr Prydwen Elfed-Owens.

Cynhelir is-bwyllgorau Iaith a Gofal, Gŵyl a Hamdden a Chyllid ddwywaith y flwyddyn yn y Ganolfan Genedlaethol yn Aberystwyth. Ac, fel y crybwyllwyd, mae rôl allweddol o bwysig gan gynrychiolwyr yr is-bwyllgorau hyn wrth drafod materion o bwysigrwydd cenedlaethol. Yn sgil hyn gwelir Merched y Wawr yn lobïo ar amryw o faterion sy'n eang iawn eu natur a'u hapêl, gan gynnwys gwasanaethau iechyd i ferched, gwell gwasanaeth trwy gyfrwng y Gymraeg gan y banciau, mwy o therapyddion lleferydd sy'n medru'r Gymraeg a dyfodol i sefydliadau megis S4/C. Rydym hefyd yn perthyn i fudiad ymbarél Mudiadau Dathlu'r Gymraeg a bûm yn cyflwyno tystiolaeth yn y Cynulliad ar ran ein haelodau.

Mae'r aelodau'n edrych ymlaen yn flynyddol at gyhoeddi'r

blwyddiadur sy'n cynnwys llawer o wybodaeth bwysig. Ond un o gyhoeddiadau pwysicaf yr iaith Gymraeg, yn fy nhyb i, yw cylchgrawn *Y Wawr*. Ceir darlun o hanes Cymru o fewn y cloriau ac felly mae'n gofnod hanesyddol o bwys. Rhwng y dalennau mae modd teithio i ynys bellennig, cael cipolwg ar fywyd tramor, dysgu am ddyfeisgarwch creadigol ein haelodau, cystadlu ar gwisiau, darllen am brofiadau arbennig ein dysgwyr, mentro i fywydau eraill a mwynhau gwledd o gelfyddyd gan ein hartistiaid ifanc talentog. Gallaf dystio bod llawer iawn yn darllen ac yn cofio'r cynnwys. Ysgrifennais erthygl o'r enw 'Babis' yn rhifyn Haf 2005 a derbyn llu o ymatebion, ond y syndod yw bod pobl yn dal i gyfeirio at y cynnwys hyd heddiw!

Teimlaf fod ein mudiad yn hynod o bwysig o fewn cymunedau lleol, gan ddangos pwysigrwydd cymdeithas a chyfeillgarwch. Mae angen llawer o leoliadau i gynnal 3,000 o ddigwyddiadau blynyddol sy'n amrywio o neuadd y pentref i festri'r capel, yr ysgol, y dafarn a gwestai lleol. Weithiau, cynhelir nosweithiau mewn lleoliadau mwy diddorol megis mewn ti-pi! Mae gweld yr amrywiaeth eang o raglenni a ddaw i law, a'r ystod o dalent ifanc o fewn y gymuned, yn dangos pa mor arbennig a dyfeisgar yw swyddogion ein canghennau a'n clybiau. Hefyd, credaf fod presenoldeb Merched y Wawr yn ein prif wyliau cenedlaethol yn hynod o bwysig, yn ffenest siop ac yn fan cymdeithasol sy'n dyst i'n cyfeillgarwch. Mae nifer o ddynion yn dod i'n stondin ac yn dweud "Rwy'n cyfarfod y wraig ar stondin Merched y Wawr" ac mewn un eisteddfod fe adawodd un o'r dynion hyn neges go arbennig ar y bwrdd! Dyma'r cynnwys:

> Englyn i de Merched y Wawr
>
> O londer hen ddail India – ei asbri
>   A rydd ysbryd i'r gwanna';
>   Gwaeddwn oll fel gwydda':
>   "Hwre! Dyma de da!"

Mae ein haelodau'n ddiarhebol o hael ond, serch hynny, ces fy syfrdanu dro ar ôl tro gan eu brwdfrydedd wrth gynorthwyo gyda'r casgliadau elusennol. Cawsom lond cart o sbectolau ar gyfer elusen Vision Aid Overseas a'r rheiny'n amrywio o rai bach crwn, hen iawn i rai enfawr y 1970au ac eraill trawiadol o liwgar. Ond doedd dim byd wedi ein paratoi ar gyfer yr ymateb i'r ymgyrch casglu bras. Roedden nhw'n bob lliw, pob maint a phob patrwm – ac yn wir yn ein cyrraedd bob ffordd. Cofiaf fy nhad yn cerdded i mewn i gaffi Blakeman yng Nghaerfyrddin a Dora'r perchennog yn gweiddi "Dai, mae gen i lond bag o fras i ti!" Yna finnau'n cyrraedd adref rhyw brynhawn a chael trafferth mawr i wthio'r drws ar agor. Roedd rhywun dienw wedi stwffio llwyth mawr o fras i mewn trwy'r blwch llythyron, a'r hyn wnaeth fy rhyfeddu oedd ymateb y bechgyn: "O, Mam, rhagor o fras wedi cyrraedd i ti!" fel petai'r peth mwyaf naturiol yn y byd. Ond yn Eisteddfod y Bala yn 2009 y daeth y pinacl, â'r dyn tywydd Derek Brockway ar ein stondin yn sôn am yr ymgyrch – a'r tywydd – a phob criw camera a theledu yn ymuno â'r merched ac yn ein ffilmio yn amgylchynu'r Pafiliwn â chadwyn o fras i ddangos ein cefnogaeth i ymgyrch arbennig Oxfam. Ond nid pawb oedd wedi deall yr ymgyrch. Cefais un alwad yn gofyn a fyddwn yn derbyn canwyllbrennau, cyn sylweddoli mai *brass* oedd yn cael ei gynnig i mi! Fe gyfrwyd pob bra yn unigol nes i ni gyrraedd 15,000 ac ar ôl hynny stopiwyd cyfrif!

Dros y blynyddoedd fe gasglwyd pob math o drugareddau gan gynnwys hen arian tramor, cetris inc, ffonau symudol a stampiau, ond roedd casgliad yr esgidiau yn uchafbwynt arall. Yn 2011 cyrhaeddodd dros 3,000 o barau o esgidiau y Ganolfan yn Aberystwyth. Roedd llawer yn eu bocsys, ond y rhan fwyaf hebddynt, a daeth casglu bocsys gwag yn rhan o'r sialens hefyd. Yna roedd angen tynnu llun pob pâr a'i roi ar ochr y bocs ynghyd â'r maint a'r pris. Doedd dim rhyw ddiléit esgidiau mawr gen i cyn hyn, ac ar ôl trafod yr holl esgidiau yna byddai'n well gen i adael y casglu i Imelda Marcos.

Mae aelodau'r mudiad yn bobl greadigol iawn. Gwelir hynny ar waith wrth inni ffeindio ffyrdd o godi arian: o deithiau cerdded i seiclo ar draws Cymru, y Wawrathon, ffeiriau ffeirio a llu o bethau eraill. Yna mae'r amrywiaeth o weithgareddau y mae'r aelodau yn eu trefnu'n flynyddol fel rhan o'u rhaglenni – o ddawnsio Salsa i noson reici, saethu colomennod clai, beicio cwad, cerdded Nordig, ymweliad â thi-pi a noson o wneud gwaith mecanig! Ac mae'r gwaith amgylcheddol, megis plannu coed, gosod blychau adar a phlannu cennin Pedr yn cael ei wneud gydag arddeliad gan ein haelodau.

Mae'r Penwythnosau Preswyl blynyddol yn gampweithiau creadigol a'r aelodau'n barod iawn i fwynhau beth bynnag sy'n digwydd. Gallaf yn sicr gofio ambell dro trwstan, gan gynnwys y llifogydd yn ystod fy mhenwythnos preswyl cyntaf yn Llandrindod. Roedd glaw yn arllwys i mewn i rai o'r ystafelloedd gwely a bu'n rhaid cludo platiau a phob dim ar gyfer y bwyd i fyny i Landrindod – profiad cofiadwy iawn! Yng Nghaerdydd fe ailfedyddiwyd y penwythnos yn 'Ar y Bysys' gan ein bod yn gorfod teithio ar gludiant i bob man, hyd yn oed i gael brecwast. Roedd y Mardi Gras yn cael ei gynnal ac fe ddiflannodd rhai o'n haelodau blaenllaw yno am y prynhawn! Cafwyd glaw taranau a llifodd llond cwch o'n haelodau i mewn i Harry Ramsden's yn y Bae yn gwisgo bagiau sbwriel duon – wel am olygfa! Mae'r teithiau ar y prynhawn Sadwrn yn boblogaidd iawn, ond eto nid ydynt yn ddiffwdan. Fe gollwyd tair aelod yn Aberglasne ac, yn wir, bu chwilio mawr amdanynt ym mhob twll a chongl. (Heb yn wybod i neb roeddent wedi mynd yn ôl i Gaerfyrddin mewn tacsi!) Yna cymerodd y bws droad anghywir ar y ffordd i Soar y Mynydd a mynd i drafferthion ar y bont haearn, a bu'n rhaid cael cymorth criw o fechgyn rygbi i'n rhoi yn ôl ar y ffordd gywir!

Roedd y tywydd yn drech na ni yn 2011 pan gafwyd glaw a gwynt difrifol yn Llanberis a methwyd â chludo 190 o aelodau Penwythnos Preswyl 'Bwrlwm a Bantams' ym Mangor i fyny'r Wyddfa! Do, rwy wedi gorfod galw'r heddlu, ambiwlans, dyn newid clo, mecanig, plymar ac ambell i berson arall i ddod i gynorthwyo yn ystod y Penwythnosau Preswyl – ond mae'r rheiny'n storïau eraill! Dyma bennill gan Eryl Jones sy'n croniclo ein hanes fel staff a swyddogion yn ystod y Penwythnosau:

> Prysur mewn cotiau melyn
> Fuoch fel haid o wenyn
> Gan weini'r medd a'n meddwi ni
> Ag arlwy gwir amheuthun.

Un uchafbwynt yn y calendr digwyddiadau fu dathlu'r deugain yn 2007: o giniawau lliwgar a phawb wedi'u gwisgo mewn coch i ddiwrnod cofiadwy a phoeth iawn yn y Bala. Roedd yr ymateb i'r dathliadau yn y Bala yn arbennig ac fe'n gorfodwyd i gynnal y Pasiant ddwywaith – ac yna, ar ddiwedd y prynhawn, roeddem yn recordio *Dechrau Canu, Dechrau Canmol*. Roedd y cyfryngau yno hefyd ac roeddem ar brif newyddion y dydd. Cyn Eisteddfod y Bala yn 2009 aethpwyd ati i greu cofnod hanesyddol o'r mudiad o'r cychwyn cyntaf yn y Parc. Fe grëwyd capsiwl amser go unigryw gyda chyfraniadau o bob rhanbarth yng Nghymru a chreiriau ychwanegol, a chladdwyd y capsiwl yng Nghanolfan Cywain yn y Bala.

Pan oeddem yn cychwyn ar flwyddyn o ddathliadau'r deugain archebwyd 40,000 o fylbiau cennin Pedr a bagiau amgylcheddol garedig. Fe dreuliwyd oriau lawer yng nghwmni gwirfoddolwyr gwych yn y Gerddi Botaneg yn cyfri 40 bwlb i'w rhoi ym mhob bag a threfnwyd trên bach i gario'r rhain i lawr i'r brif fynedfa yn ystod y dathliadau. Adeg y Penwythnos daeth cannoedd o fenywod i'r Gerddi Botaneg ar y prynhawn Sadwrn i fwynhau llu o weithgareddau a dathliadau a rhoddwyd bag yn llawn bylbiau i bob un ohonynt fynd adref gyda nhw.

Fel y mae nifer o'r aelodau yn gwybod, ni fedraf deithio ar fws heblaw fy mod yn y blaen ac yn wynebu ymlaen. Ar y ffordd 'nôl o'r Gerddi, cyn cyrraedd Caerfyrddin hyd yn oed, roeddwn wedi troi'n wyrdd a bu'n rhaid agor drws y bws a finne'n eistedd yn y sedd flaen yr holl ffordd yn ôl i Lanbed. I gloi ein blwyddyn o ddathlu cynhaliwyd prynhawn agored cofiadwy ym Mhlas Newydd, sir Fôn, a gallaf glywed y piano mawr yn atseinio drwy'r tŷ hyd heddiw. Fe aeth Heulwen Parry Jones ati i gomisiynu tri o'n prifeirdd – sef Emyr Davies, Ceri Wyn Jones a Tudur Dylan Jones – i greu englyn i'r mudiad, ac mae'n un rwy'n hoff iawn ohono:

> Wrth fyw a bod traddodiad – a'i gynnal
> Gyda gwên o gariad
> Y mae 'na waith a mwynhad
> Y mae rhuddem ymroddiad.

Yn 2009 fe fedyddiwyd cenhinen Bedr â'r enw 'Gwawr' gan y mudiad ac fe'i lansiwyd yn sioe yr RHS yng Nghaerdydd yng nghwmni Dr Esyllt Jones a Ron Scamp o Gernyw. Erbyn hyn mae gan 'Gwawr' chwaer o'r enw 'Gwenllian' (gan Gymdeithas Gwenllian) ac rydym yn ddiolchgar fod blodau hyfryd fel hyn yn cael eu cofrestru yn Gymraeg.

Erbyn heddiw mae technoleg wedi sicrhau newidiadau mawr. Yn hytrach na gorfod teithio i gyfarfodydd ar draws Cymru, bellach mae modd cynnal cynhadledd fideo a ffôn ac e-bostio ac maent i gyd yn hwyluso'r gwaith ac yn lleihau costau teithio. Mae rhai ymweliadau yn dal yn bwysig, wrth gwrs, ond mae'r opsiynau rhatach yn ddefnyddiol hefyd.

Mae hwyl yn hynod o bwysig, a chyfeillgarwch yn rhan annatod o'm swydd. Rwy'n dal i feddwl bod gen i feibion ffodus iawn i gael cynifer o antis, modrybedd a bodos ar draws Cymru, a chydag Ioan nawr yn 8 oed ac Aled yn 7 credaf iddynt fynychu mwy o wyliau cenedlaethol na llawer o oedolion. Mae cael y cyfle i brofi croestoriad o ddigwyddiadau gwahanol wedi bod yn fraint i minnau hefyd, gan gynnwys agoriad y Cynulliad Cenedlaethol, gêm rygbi ryngwladol, ymweld â 10, Stryd Downing ac annerch Urdd y Graddedigion yn yr Eisteddfod Genedlaethol – pob un yn enw Merched y Wawr.

Mae'r gwyliau cenedlaethol, sef Eisteddfod yr Urdd, Sioe Amaethyddol Frenhinol Llanelwedd, yr Eisteddfod Genedlaethol a'r Ffair Aeaf, yn binaclau ymhlith y gweithgarwch blynyddol. Mae dyfeisgarwch y rhanbarthau wrth greu arddangosfeydd arbennig a chynnig croeso twymgalon ar bob un o'r stondinau yn rhywbeth y mae pob un aelod yn medru ymhyfrydu ynddo. Mae rhai profiadau eisteddfodol yn aros yn y cof. Un flwyddyn daeth mwydod ofnadwy lan rhwng y trawstiau pren yn y stondin a rhaid oedd eu codi a'u cludo oddi yno. Dro arall cawsom bla o bryfed bach duon a fu bron â'm bwyta i'n fyw, ac yna roedd blwyddyn y llwch glo du oedd yn ei gwneud hi'n anodd iawn i gadw pethau'n lân!

Rwy wrth fy modd yn y Sioe a'r Ffair Aeaf, er ei bod yn -17°C yno yn 2010. Fe rewodd y pwdinau Nadolig ar y ffordd 'nôl i Aberystwyth ac fe graciodd ffenest fy nghar! Mae cyfarfod cynifer o aelodau talentog yn fraint a cheir llawer o hwyl ar y prynhawn Sul cyntaf wrth gynorthwyo i roi pethau yn eu lle ynghyd â rhannu ambell syniad neu gyfrinach! O blannu coed i ddal mwydod, o ffiwsio'r trydan i gywiro to'r babell a gyrru trelar y mudiad i ganol llyn yn un o'r meysydd carafannau, mae'r profiadau'n doreithiog.

Fe gafwyd prosiectau diddorol dros y degawd gan gynnwys y Prosiect Hanes Llafar. Cynhaliwyd cyrsiau hyfforddiant a chafwyd modd i fyw wrth gael y fraint o gyfweld cynifer o aelodau a rhannu eu hatgofion arbennig ac unigryw. Mae'r cofnod hanesyddol yma yn bwysig iawn a braf yw dweud bod yna frwdfrydedd mawr erbyn hyn am brosiect newydd i gasglu enwau'r caeau yn ein bröydd.

Trefnwyd teithiau cerdded i godi arian, i ddysgu mwy am ardaloedd yng Nghymru, â rhai o amgylch pob rhanbarth. Codwyd ymwybyddiaeth o ddiffygion gwybodaeth am glefyd siwgwr yn Gymraeg a thrwy nawdd a godwyd gan daith feicio Einir Wyn, Meryl Davies ac Elsie Annwyn Roberts fe argraffwyd llyfryn arbennig. Bu trosi llyfrau Cymraeg i'r Braille hefyd yn brosiect a ymgymerwyd gan nifer o ranbarthau. Oherwydd effaith canser y fron ar ddeuluoedd fe godwyd arian a throswyd *Mummy's Lump* yn llyfryn Cymraeg, *Lwmp Mam*. Cafodd ei lansio yn y Cynulliad Cenedlaethol a rhoddwyd cyflenwad o fil o lyfrau i'r Ymddiriedolaeth Lafant ar gyfer teuluoedd sy'n dioddef. Fe gyfieithwyd y llyfr *Rwy'n Swil* gan Ranbarth Ceredigion a chyflwynwyd copi i bob cylch meithrin yng Nghymru.

Rydym yn falch iawn o allu cefnogi Diwrnod y Llyfr ac ymgyrchoedd amrywiol Cyngor Llyfrau Cymru. Byddwn yn adolygu llyfrau yn rheolaidd yn *Y Wawr* a chroesawir stondinau llyfrau i nifer o'n gweithgareddau. Mae ein gwaith gwirfoddol fel mudiad wrth gynorthwyo eraill yn amhrisiadwy. Mae aelodau'n mynd i ysgolion i wrando ar blant yn darllen ac i gylchoedd meithrin i adrodd storïau a siarad mewn tafodiaith leol. Maent yn mynd o amgylch ysbytai gyda throli neu'n gweithio yn y bwth te i gynorthwyo'r WRVS ac yn helpu mewn Eisteddfodau'r Urdd yn stiwardio a chynorthwyo gyda'r lluniaeth ambell dro. Mae'n wir i ddweud: os ydych am gael rhywbeth wedi'i wneud, gofynnwch i rywun prysur – gofynnwch i Ferched y Wawr!

Bu'r mudiad yn gweithio'n agos gyda chynhyrchwyr bwyd Cymreig erioed. Gwnawn gymaint ag y medrwn i hyrwyddo cynhyrchwyr lleol gan gydweithio ar ymgyrchoedd gydag Undeb Amaethwyr Cymru, Undeb Cenedlaethol yr Amaethwyr a Fforch i Fforc.

Trefnwyd nifer o wibdeithiau gan y rhanbarthau a changhennau dros y blynyddoedd, gan gynnwys ymweliadau i weld cofeb y Dywysoges Gwenllian a chofeb Catrin, merch Owain Glyndŵr. Hefyd yn ddiweddar ailgychwynnwyd y teithiau cenedlaethol a mentro i'r Iwerddon, gyda chant o aelodau, yn 1998 ac yna yn 2011 mynd i Stratford, pan ofynnodd un ddynes i ni beidio â chanu a siarad yn Gymraeg!

Mae'r digwyddiadau a gynhaliwyd i'r dysgwyr dros y blynyddoedd wedi chwarae rôl allweddol yn ein datblygiad, ac wedi sicrhau nifer o aelodau newydd i'r mudiad. Rydym yn falch iawn o fedru cynnig cyfleoedd i Ddysgwr y Flwyddyn yr Eisteddfod Genedlaethol yn ein Gŵyl Haf a thrwy'r amrywiol weithgareddau lleol lle y caiff dysgwyr eu gwahodd i ddisgleirio.

Ar ddiwedd y dydd, pobl sy'n gwneud bywyd yn ddiddorol ac mae'r cyfleoedd rwy'n eu cael i gynrychioli'r mudiad yn amrywiol ac yn ddifyr iawn. Mae fy ngwybodaeth am ddaearyddiaeth Cymru wedi gwella'n aruthrol hefyd. Mae cydweithio gyda staff mor ymroddedig yn y swyddfa yn ddyddiol yn gwneud agwedd bwysig ar y swydd yn bleserus: rwy'n ddiolchgar i Delyth Rees, Jayne Jones a Miriam Garratt am eu cwmni wrth gyd-fyw blwyddyn galendr o weithgareddau. Ac, ydw, rwy'n falch iawn o fudiad Merched y Wawr. Rwy wir yn credu ein bod, fel elusen, yn medru gwella ansawdd bywyd ein cymunedau trwy gynnig llond gwlad o gyfleoedd cymdeithasol Cymraeg a Chymreig.

Tegwen Morris
Cyfarwyddwr Cenedlaethol

Gofynnwch a chwi a gewch

SBECTOLAU, STAMPIAU, PEIRIANNAU gwnïo, bras, esgidiau, cetris inc – beth yw'r cysylltiad rhwng Merched y Wawr a'r pethau hyn? Do, fe'u casglwyd i gyd gan yr aelodau ar wahanol adegau i godi arian at elusennau eraill. A beth am y gwau noddedig, y teithiau cerdded noddedig, y beicio, y trwco a'r ffeirio, yr ocsiynau mud, y stondinau teisennau, y canu carolau, y boreau coffi...? Yn wir, does dim amheuaeth fod Merched y Wawr wedi cefnogi amrywiaeth ryfeddol o elusennau ers sefydlu'r mudiad yn 1967, ac er nad oes cofnod o'r cyfanswm a godwyd, mi fyddai'n filoedd o filoedd erbyn hyn.

Tan 1994 roedd gan y mudiad Bwyllgor Anabl Cenedlaethol oedd yn codi symiau sylweddol bob blwyddyn at wahanol achosion da. Ond pan gyhoeddwyd rheolau newydd y Comisiwn Elusennau roedd yn rhaid newid y drefn: nid oedd hawl bellach i godi arian at unrhyw achos oedd yn eiddo ar amcanion gwahanol i'n rhai ninnau. Rhaid, felly, oedd meddwl am ffyrdd eraill o helpu achosion fel clefyd siwgwr neu ymchwil canser, a chynhaliwyd sawl ymgyrch lwyddiannus iawn oherwydd hyn.

Yn gynnar yn hanes y mudiad, yn y 1970au, pan oedd Canolfan Iaith Nant Gwrtheyrn yn cael ei sefydlu, bu Is-bwyllgor Anabl Merched y Wawr yn brysur iawn yn codi arian i ariannu a dodrefnu Porth y Wawr, tŷ wedi'i addasu ar gyfer pobl anabl yr oedd pob rhanbarth wedi cyfrannu ato. Mi wn taw cyfraniad rhanbarth Gorllewin Morgannwg oedd llenni a chlustogau o ddefnydd Laura Ashley i'r lolfa gan fod y rhain yn ffasiynol a deniadol iawn bryd hynny.

Bydd llawer yn cofio ein cysylltiadau â Lesotho a ddechreuodd yn 1992 wedi i'r mudiad efeillio â Chymdeithas y Merched yno, sef yr Homemakers, ac mae hanes yr ymgyrchoedd pwysig hynny i'w gael yn llawn yn erthyglau Mererid Jones a Mair Penri.

Cafodd Elsie Roberts, Einir Wyn a Meryl Davies, y tair o wahanol ganghennau yn rhanbarth Dwyfor, hwyl a sbri a chyffro yn beicio o'r De i'r Gogledd ac o'r Gogledd i'r De yn ystod dwy daith feicio noddedig yn 1999 a 2005, gan alw gydag aelodau ar hyd y ffordd. Ond, yn ôl y sôn, weithiau byddai'r aelodau brwd oedd yn aros i'w croesawu yn y gwahanol ganolfannau wedi hen fynd adref – mor hwyr oedd y beicwyr yn cyrraedd, diolch i sawl codwm a phyncjar. Yn wir, yn ardal Aberystwyth cafodd John Price, gyrrwr y fan oedd yn cludo'r partiau sbâr ac ati, dipyn o sioc pan ddaeth ar draws Elsie â'i phen yn y clawdd ar ôl i'w charrai fynd yn sownd ym mhedal y beic! Dro arall, ar ddiwrnod braf o haf a'r haul yn tywynnu uwchben, cwympodd sbectol haul Elsie (eto!) i'r llawr ac yna reidiodd drosti! Ond ni fu unrhyw drychineb fawr wedyn ac ar y daith gyntaf casglwyd £7,500 i'w roi i elusen ganser Tenovus. Talu am ddefnyddiau a llyfrynnau yn y Gymraeg i bobl sy'n dioddef o glefyd siwgwr oedd pwrpas yr ail daith a throsglwyddwyd yr adnoddau hyn i gynrychiolydd o Diabetes UK Cymru yn ystod y Penwythnos Preswyl yng Nghaerdydd.

Cerdded dwy neu dair milltir ymhob rhanbarth yng nghwmni'r aelodau wnaeth Catrin Stevens, y Llywydd Cenedlaethol ar y pryd, yn ystod un wythnos adeg y Pasg yn 2002. Bu'n cerdded mewn amrywiol leoliadau: cafodd dywydd da i fwynhau troedio traeth Porthdinllaen, Penrhyn

Llŷn un bore, yna yng ngerddi Gregynog ger y Drenewydd bnawn arall, ger llynnoedd Cosmeston, tua phum milltir i'r gorllewin o ddinas Caerdydd, a chydag 'eneidiau hoff cytûn' ar lan yr afon o Lannerchaeron i Aberaeron. Beth gwell? Mae stori ar led iddynt ddod ar draws tarw mewn un cae ar Ynys Môn, ond does dim prawf gen i o hynny. Teithiau noddedig oedd y rhain i gyd ac fe godwyd swm sylweddol iawn at ymchwil canser y fron a chanser yr wygell neu'r ofari.

Ymunodd aelodau o Glybiau Gwawr gydag aelodau'r canghennau ar deithiau noddedig yn y Gogledd a'r De yn 2009 ac fe dalod hyn am gynhyrchu'r llyfryn *Lwmp Mam* yn Gymraeg, fel ei fod ar gael yn rhad ac am ddim i fenywod a mamau iau sy'n dioddef o ganser y fron. Flwyddyn yn ddiweddarach aeth yr arian a godwyd ar y teithiau cerdded noddedig i brynu offer i Ambiwlans Awyr Cymru a phrynwyd pum blanced Aerohawk, sef bagiau *thermal*, ar eu cyfer erbyn hyn.

Cynhyrfodd y cyfryngau ar ôl clywed bod Merched y Wawr yn casglu bras rhyw bedair blynedd yn ôl. Pam casglu bras? Ailgylchu oedd y prif nod – y tro hwn, ailgylchu bras i'w rhoi i Oxfam Cymru. Byddai'r bras gorau yn cael eu gwerthu yn siopau elusen Oxfam; y rhai oedd mewn cyflwr da, ond nad oeddent fel newydd, yn mynd i farchnadoedd yn y gwledydd sy'n datblygu i'w hadnewyddu a'u haddurno ar gyfer merched yno; a'r rhai di-raen yn mynd i ganolfan Oxfam yn Swydd Efrog i'w rhwygo a'u defnyddio i stwffio matresi a chelfi eraill. Doedd dim, felly, yn cael ei wastraffu ac roedd rhywbeth oedd yn sbwriel i un yn troi'n drysor i rywun arall. Cafwyd sawl stori dda yn sgil casglu'r rhain – yn wir, cafodd Tegwen rai wedi eu postio drwy ddrws ffrynt y tŷ yn Aberystwyth! Profiad rhyfedd hefyd oedd derbyn llond bag o fras gan un o flaenoriaid y capel, fel y digwyddodd i un aelod ar ôl cwrdd dydd Sul! A beth am yr achlysur pan fenthycodd gŵr un o aelodau Abertawe ei char rywdro? Soniodd hi wrtho bod yna lond bag o fras yng nghefn y car yn barod ar gyfer y pwyllgor rhanbarth nesaf. Gwelwodd ef a gofyn, "Ond beth os gaf i fy stopio gan yr heddlu?" Daeth penllanw'r casgliad adeg Eisteddfod Genedlaethol y Bala yn 2009 pan amgylchynwyd y Pafiliwn Pinc yno gan gadwyn o fras (a merched wrth gwrs!). Daeth gweithgareddau'r Maes i stop am ryw chwarter awr, gan dynnu sylw'r cyhoedd at yr ymgyrch ailgylchu ac at weithgaredd Oxfam.

Hwyl hefyd oedd yr ymgyrch Sodlau'n Siarad yn 2010–11, sef casglu ac ailgylchu esgidiau, a'r tro hwn yr elusen o ddewis y Llywydd Cenedlaethol, Mererid Jones, oedd Achub y Plant. Unwaith eto roedd y rhai mewn cyflwr da yn mynd i'w gwerthu yn siopau'r elusen, a'r rhai oedd yn hen a threuliedig yn cael eu troi'n eitemau eraill. Llanwyd pob twll a chornel o Ganolfan Genedlaethol y mudiad â bocsys sgidiau wedi eu labelu'n ddestlus â llun a maint yr esgidiau tu fewn. Gwerthwyd llawer o'r rhain ar stondin Achub y Plant yn Eisteddfod Genedlaethol Wrecsam yn 2011 gan godi o leiaf £4,000 i'r achos. Unwaith eto, cafwyd prosiect arbennig yn deillio o'r un ymgyrch – gofynnwyd am bâr o esgidiau gan 150 o ferched enwog Cymru i ddathlu pen-blwydd yr Eisteddfod yn 150 oed. Ymhlith y rhai a gyfrannodd esgidiau roedd y gantores Margaret Williams, yr anturiaethwraig a'r cyflwynydd Lowri Morgan, yr actores Donna Edwards a'r Prifardd Mererid Hopwood.

Cynhaliwyd ocsiwn arbennig o esgidiau'r enwogion yn y Babell Lên ddydd Iau'r Eisteddfod gyda'r arwerthwyr Heledd Cynwal a Jenny Ogwen, llysgenhadon Achub y Plant, yn cymryd yr awenau. Mewn awr fe werthwyd y cyfan a diddorol oedd gweld Meri Huws yn prynu ei bŵts pinc ei hun yn ôl – roedd hi'n methu byw hebddynt, medde hi! Yn sgil hyn cafwyd llawer iawn o sylw cadarnhaol i waith y mudiad ac elusen Achub y Plant gan y wasg a'r cyfryngau.

Cydweithio gwahanol fu rhyngom â Choed Cadw yn 2009
gan ein bod, y tro hwn, yn meddwl am yr amgylchedd ac yn
codi ymwybyddiaeth aelodau o sut i wella'r amgylchedd a'r
tirwedd er lles y cenedlaethau a ddêl; y tro yma, plannu coed
cynhenid yn ein bröydd oedd y nod. Yn ystod yr ymgyrch
plannwyd dros fil o goed ledled Cymru a chofnodwyd hyn ar
fap pwrpasol yng Nghanolfan Merched y Wawr. Mae'r coed
hyn yn gofnod parhaol a gwyrdd o fodolaeth Merched y Wawr
yn y gwahanol ardaloedd ac fe blannwyd coeden neu ddwy
ar safle pob gŵyl genedlaethol yn 2010 – yng ngerddi Plas
Llannerchaeron, ar faes y Sioe Amaethyddol yn Llanelwedd
a ger safle'r Eisteddfod Genedlaethol yng Nglynebwy. Yn y
seremoni blannu ar faes y Sioe yn Llanelwedd cynigiwyd
rhaw newydd sbon i mi gyda'r geiriau "Dim ond un arall
sy wedi defnyddio hon", gan feddwl y byddwn yn teimlo'n
freintiedig iawn taw'r Frenhines oedd honno!

Cawsom ein hannog gan Goed Cymru i gofnodi lleoliad a
bodolaeth unrhyw goed hynafol yn ein bröydd a darganfod
oedran y goeden trwy roi cwtsh neu goflaid i'r bonyn!
Cawsom wybod bod bonyn onnen sy'n mesur mwy na dau
gofleidiad hyd braich gan ddau oedolyn yn hynafol, ond mae
angen tri chofleidiad ar dderwen i'w hystyried hi'n hynafol.
Arweiniodd hyn at dipyn o sbri wrth inni geisio darganfod
pa goed oedd yn hen.

Nid wyf am orffen yr erthygl hon heb gydnabod yr holl
gydweithio ag elusennau sy'n digwydd yn y rhanbarthau a'r
canghennau. Mae yna aelodau sy'n cydweithio â'r Mudiad
Ysgolion Meithrin yn eu cylchoedd i blant bach, gan fynd
yno i ddarllen stori, sgwrsio, canu caneuon traddodiadol
a hwiangerddi a helpu cynnal y cylchoedd sy'n dibynnu
ar unigolion sy'n rhoi o'u hamser yn wirfoddol. Bu sawl
rhanbarth yn gyfrifol am ariannu costau argraffu llyfrau
Braille i'r deillion, ac mae llawer o ranbarthau a changhennau
yn cynnal boreau coffi a chyngherddau i godi arian at
achosion lleol. O gofio'r holl waith a wneir dros Gymru

gan aelodau'r mudiad – a hynny gyda gwên – rwy'n credu y gellid dweud am aelodau Merched y Wawr: gofynnwch a chwi a gewch.

Esyllt Jones
Llywydd Cenedlaethol 2008–2010

Merched ar dân dros ymgyrchu

NI OEDD CENHEDLAETH y dadeni a gafodd ei ysbrydoli gan araith heriol Saunders Lewis yn y 1960au. Cyneuwyd y fflam yn ein heneidiau gan ei eiriau ac roeddem ar dân i achub tynged ein hiaith. Fel mamau a neiniau roedd ymgyrchu yn rhan o'n bywyd bob dydd: ymgyrchu i sefydlu ysgolion meithrin, sicrhau bod ein hysgolion cynradd yn rhai cyfrwng Cymraeg a cheisio darbwyllo ein cynghorau sir a'r Pwyllgor Addysg o'r angen dybryd i sefydlu ysgolion uwchradd Cymraeg ym mhob sir yng Nghymru. Ni châi 'iaith yr oesau' fyth fod yn 'iaith ein cywilydd ni'.

Ymgyrchu wnaeth y criw bach penderfynol 'na yn y Parc ger y Bala, ymgyrchu am yr hawl i gynnal eu cyfarfodydd yn eu mamiaith yn eu gwlad eu hunain. A dyna'r dechreuad: fe dorrodd y wawr ac fe ledaenodd y pelydrau i oleuo pob twll a chornel o'n gwlad fach ni. Mor wych oedd cael mudiad yn gefn i'n hymgyrchoedd, mudiad ag amcan: 'i rymuso addysg gyhoeddus, ac yn arbennig i hyrwyddo diwylliant, addysg a'r celfyddydau yng Nghymru trwy gyfrwng yr iaith Gymraeg, er lles merched yng Nghymru'.

Hyfryd oedd cael cyfarfod â merched o'r un anian a'r un dyheadau bob mis, heb orfod ymddiheuro am siarad Cymraeg oherwydd nad oedd rhywun yn ein deall. Dros Gymru benbaladr roedd canghennau Merched y Wawr yn wyliadwrus, yn wahanol i Seithennyn yn chwedl Cantre'r

Aelodau'r Parc y diwrnod y cyhoeddwyd sefydlu Merched y Wawr, Mai 1967

Y stondin a drefnwyd gan fenywod y Parc yn Ffair y Bala, 1967

Croesawu ymwelwyr i babell Merched y Wawr ar faes yr Eisteddfod Genedlaethol yn y Bala, 1967

Cangen y Ganllwyd, sir Feirionnydd – yr ail gangen i gael ei ffurfio

Dathlu Dydd Gŵyl Ddewi yng Nghangen Llanrhaeadr ym Mochnant, sir Drefaldwyn

Rhai o aelodau Cangen y Rhos a Phen-y-cae, y gangen lle roedd Hannah Rogers a luniodd fathodyn y mudiad yn aelod

Sylwen Lloyd Davies ac Olwen Davies yn dysgu trin ceir yng Nghangen y Parc

Yn y Sioe Ffasiynau

LLENWCH EICH SIECIAU YN GYMRAEG

RHIFYN 25 1974

Ofer brwydro am ffurflenni Cymraeg mewn swyddfeydd post a banciau os na fyddwn yn eu defnyddio a'u llenwi yn Gymraeg. Isod mae MERERID JAMES, yr *Ysgrifennydd Cenedlaethol*, yn rhoi enghreifftiau i chi sydd heb fod yn rhy sicr o'r ffordd i fynd ati i lenwi siec:

Arwain y ffordd trwy ysgrifennu sieciau yn Gymraeg

Yr Ysgol Undydd Genedlaethol Celf a Chrefft gyntaf ym Mhlas Trelydan

MyW yn Nhŷ'r Cyffredin yn lobïo dros gael gwasanaeth sgrinio canser y fron yn y 1980au

Ysgol Undydd Genedlaethol yr Is-bwyllgor Iechyd yng Ngregynog

Cwrs hyder a menter
mewn busnes, 1987

Agor tŷ Merched y Wawr yn
Nant Gwrtheyrn, 1988

Margarette Hughes, Llywydd Cenedlaethol 1988–1990, yn cyflwyno deiseb yn mynnu Deddf Iaith newydd i Syr Wyn Roberts o flaen Tŷ'r Cyffredin

Tapio'r *Wawr* ar gyfer y deillion

Enillwyr un o gystadlaethau chwaraeon cenedlaethol Merched y Wawr ar ddiwedd y 1980au

Cwrs sgio yng Ngwersyll Llangrannog

Cyn-Lywyddion Cenedlaethol a swyddogion adeg cinio dathlu pen-blwydd y mudiad yn 25 yng Ngholeg Llanbed, 1992. Rhes flaen: Eirlys Lewis Evans, Wendy Richards, Marged Lloyd Jones, Gwyneth Evans, Elinor Glyn Thomas, Megan Creunant. Rhes ôl: Mena Jones, Meira Roberts, Diane Roberts, Mererid Jones, Margarette Hughes, Eryl Jones, Nan Lewis, Mair Penri, Nesta Edwards, Olwen Williams

Sylwen Lloyd Davies a Mair Penri yn dadorchuddio plac Merched y Wawr ar fur Ysgol y Parc, Y Bala, adeg dathliadau 25 mlynedd y mudiad yn 1992

Y dorf o flaen Ysgol y Parc adeg y dathlu

Hwyl wrth
gystadlu

Merched o Gangen
y Bryniau yn dangos
eu gwaith brodwaith
ar Gwrs Undydd y
Pwyllgor Celf yn
Llangrannog, 1994

Taith dramor i
Iwerddon, 1995

Enillwyr chwaraeon,
1995

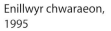

Mewn Eisteddfod:
Abergele, 1995

lansio swyddogol
CLYBIAU GWAWR

Y lansio yng Nghaerdydd

Daeth criw o ferched ifanc ynghyd yng Ngwesty'r Forte Port House, Caerdydd, ar nos Fercher, Tachwedd 20fed, i lansio Clybiau Gwawr yn genedlaethol, a mwynhau tipyn o gaws a gwin! Lluniwyd taflen arbennig i hysbysebu Clybiau Gwawr, a gwelwyd honno am y tro cyntaf yn y noson.

Wedi i bawb ddod i adnabod ei gilydd, cafwyd croeso gan Non Griffiths, y Trefnydd Cenedlaethol, ac aeth Valerie James, y Llywydd Cenedlaethol ymlaen i egluro yr angen i sefydlu y Clybiau Gwawr. Roedd swyddogion o Fwrdd yr Iaith Gymraeg yn bresennol, gan fod y mudiad wedi derbyn nawdd gan y Bwrdd i gynnal Swyddog Datblygu yn y De. Canmolodd Dafydd Ellis Thomas y fenter, gan ddweud fod y Bwrdd am gefnogi mudiadau sydd am ehangu a datblygu, a bod Merched y Wawr yn cynnig cyfle i ferched gymdeithasu a mwynhau trwy gyfrwng yr iaith Gymraeg.

Gwestai arbennig y noson oedd yr actores Beth Robert, sydd ar hyn o bryd yn denu gwylwyr at y sgrin drwy chwarae rhan 'Lisa' ar Bobol y Cwm. 'Dyma gyfle imi brofi nad ydw i yr un math o ferch â Lisa o gwbl!' meddai. Croesawodd y fenter newydd, gan dynnu sylw at y ffaith fod perygl i fudiadau - fel actorion - gael eu cyfyngu i chwarae un math o ran, yn hytrach na chael y cyfle i

Y Clybiau Gwawr yn Seiont Manor

14

Lansiad swyddogol y Clybiau Gwawr, 1997

Mewn Eisteddfod

Taith gerdded

Y cyn-Lywyddion
gyda'r cyn-Drefnydd
Cenedlaethol Non
Griffiths adeg dathlu
pen-blwydd y mudiad yn
30 oed

Agor Canolfan newydd Merched y Wawr, Dydd Gŵyl Ddewi, 2000

Canolfan Merched y Wawr, Stryd yr Efail, Aberystwyth

Ennill gwobr Patagonia am yr erthygl orau yn *Y Wawr*

Sylwen Lloyd Davies yn agor Canolfan yr Homemakers yn Lesotho

Hetiau crand i'r briodas Frenhinol, 2001

Lefu a Mali Mokokoane, gwesteiwyr caredig Sylwen Lloyd Davies a Mair Penri

Annes Glynn yn dathlu ennill Medal Ryddiaith Eisteddfod Genedlaethol Casnewydd gyda Mrs Maggie Jones, aelod hynaf Cangen Rhiwlas, 2004

Y daith feiciau noddedig, 2005

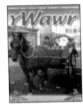   

Gwaelod, rhag i'r Gymraeg ddiflannu o dan y tonnau. Fel cangen yn Hendygwyn, bu'n rhaid i ni frwydro yn erbyn rhagfarn y bobl leol oedd yn gwadu'r ffaith i hen ddeddfau Hywel Dda, oedd newydd gael eu portreadu mor gain gan Peter Lord yn y Gerddi Coffa, gael eu hysgrifennu yn Gymraeg. Doedd y Saesneg ddim yn bodoli yn y ddegfed ganrif!

Ond fel roedd Gwyneth Evans, ein cyn-Lywydd Anrhydeddus annwyl, mor hoff o'n hatgoffa: canghennau oeddem ni ac roeddem ynghlwm wrth foncyff cadarn ein Pwyllgorau Rhanbarth. Byddai'r rhain yn cyfarfod yn fisol a fan hyn byddai cyfle i gynrychiolwyr y canghennau wyntyllu eu pryderon parthed anghyfiawnder i'r iaith yn eu cymunedau. Fe fyddai'r cynrychiolwyr rhanbarth yn codi'r materion wedyn yn y ddau Gyngor Cenedlaethol a gynhelid bob blwyddyn, ym mis Mai a mis Tachwedd.

Weithiau byddai'r rhanbarthau eu hunain yn cynnal ymgyrchoedd. Yn Nyfed yn y 1980au, er enghraifft, bu ymgyrch i godi cofeb i'r Dywysoges Gwenllian yng Nghydweli i goffáu ei dewrder pan ymosododd y Norman, Maurice de Londres, ar Ddeheubarth yn y ddeuddegfed ganrif. Roedd ei gŵr, Gruffydd ap Rhys, Tywysog Deheubarth, yng Ngwynedd yn ceisio cefnogaeth ei dad yng nghyfraith yn erbyn y Normaniaid pan ymosododd Maurice de Londres, a bu'n rhaid i Gwenllian godi byddin i'w wynebu. Ar faes a elwir erbyn hyn yn Faes Gwenllian, collodd ei bywyd, ynghyd ag un o'i meibion, a bu farw un arall mewn caethiwed. Goroesodd mab arall iddi, yr Arglwydd Rhys, i adennill castell Cydweli i'r Cymry flynyddoedd wedyn. Tan ymgyrch Merched y Wawr, docdd dim i gofnodi ei gwrhydri yng Nghydweli, ond ar 23 Mai 1991 dadorchuddiwyd carreg i'r perwyl hwn gan Gwynfor Evans mewn seremoni a drefnwyd gan Ferched y Wawr. Cytunodd CADW i gyfrannu £500, ond y rhanbarth a gododd y gweddill. Comisiynwyd Ieuan Rees, y cerflunydd, i lunio cynllun Celtaidd wedi ei addasu o'r llythyren 'G' ar garreg o Gymru. Yno, ar ochr ddeheuol y castell, y saif y garreg heddiw, yn symbol balch o'r ymgyrch.

Ond y mudiad yn genedlaethol, chwedl Gwyneth Evans eto, oedd y gwreiddyn a roddai'r nodd i'r rhanbarthau a'r canghennau. Dyma'r cadernid oedd yn sail i'n holl ymdrechion, lle roedd gennym ni fel aelodau lais canolog oedd yn sicrhau bod ein pryderon yn cael sylw. Roedd rhywbeth yn eironig yn y ffaith ein bod yn cwrdd yn sinema'r Commodore yn Aberystwyth. Yn y mwrllwch hwn, lle roedd pobl mor gyfarwydd â dod dan ddylanwadau estron Hollywood ac Elstree Studios, roeddem ni'n brwydro dros hawliau merched a thynged yr iaith! Yn hytrach na sêr y sgrin fawr, ein *pin-ups* ni oedd yn camu ar y llwyfan.

Gallaf weld Elinor Glyn Thomas nawr, ar ran cangen Wrecsam, yn pwysleisio'r angen i barhau yn ein dycnwch i fynnu'r hawl i ysgrifennu sieciau yn Gymraeg yn y siopau a'r archfarchnadoedd. Y pryd 'ny byddai'n rhaid i oruchwyliwr ddod i gadarnhau dilysrwydd y siec ac, o ganlyniad, byddai ciwiau hir, diamynedd yn ymffurfio ger pob til. Bu'n rhaid i'r rheolwyr ildio yn y diwedd!

Clywaf lais unigryw seren arall yn ein plith, y ddiweddar Eirlys Peris Davies, yn ymgyrchu dros hawliau pobl anabl yng Nghymru. Roedd prinder dybryd o adnoddau yn y Gymraeg i blant anabl ac roedd hi bron yn amhosib cael therapydd lleferydd Cymraeg ar y pryd. Diolch i ymdrechion Is-bwyllgor yr Anabl mae pethau wedi gwella'n sylweddol erbyn hyn. Diolch i ymdrechion Eirlys a'r pwyllgor yma hefyd, fe fabwysiadodd y mudiad fwthyn yn Nant Gwrtheyrn o'r enw Porth y Wawr a'i addasu at ddefnydd dysgwyr anabl. Dyma'r adeg pan wireddwyd breuddwyd Carl Clowes i greu pentref i ddysgwyr Cymraeg o adfeilion yr hen bentref.

Yn y Cyngor Cenedlaethol yn 1987 gwnaeth cangen Bethesda gais i ni fel mudiad bwyso ar y llywodraeth 'i drefnu darpariaeth feddygol i'w gwneud hi'n bosib i ferched gael profion am ganser y fron yn ddigon buan fel y gellir ei drin yn llwyddiannus'. O dan lywyddiaeth Eirlys Lewis Evans o'r Rhyl, penderfynwyd ymgyrchu mewn dwy ffordd. Yn gyntaf, trefnwyd lobi i Dŷ'r Cyffredin ddydd Llun, 26 Hydref 1987 a gofynnwyd i bob rhanbarth drefnu bws. Yn ail, apeliwyd yn daer ar bob aelod o bob cangen i ysgrifennu llythyr at Edwina Currie, yr Is-Ysgrifennydd Gwladol dros Faterion Iechyd a Nawdd Cymdeithasol, yn mynegi ein pryder am y diffyg darpariaeth a'r prinder adnoddau oedd yn bodoli yng Nghymru ar y pryd ar gyfer cynnal profion canser y fron, ac apelio arni i wyrdroi'r sefyllfa gan sicrhau y byddai profion cyson am ganser y fron i'w cael i bob merch yn fuan ac am ddim, fel bod modd ei drin yn llwyddiannus. Ein gobaith oedd creu cymaint o ffwdan â phosib i'r rhai fyddai'n gorfod agor tua 10,000 o lythyron oddi wrth Ferched y Wawr!

Wrth gwrs, bu'r ymgyrch yn llwyddiant ysgubol a gwelwyd cannoedd o Ferched y Wawr yn llifo drwy ddorau Tŷ'r Cyffredin. Ac er i ryw AS gwrywaidd ddweud ar y diwrnod taw dim ond croesi Clawdd Offa oedd eisiau i ni ei wneud i gael y bron brawf, erbyn hyn mae ar gael i holl ferched Cymru sydd dros 50 oed.

Yn 1988, yn y Cyngor Cenedlaethol lle'm hurddwyd i yn Llywydd, lansiwyd llyfryn o'r enw *Sbardun Siarad* gan Is-bwyllgor y Dysgwyr i helpu dysgwyr Cymraeg groesi'r bont. Bu'r llyfryn mor llwyddiannus nes y cyhoeddodd Ann Morris, yn y Pwyllgor Gwaith y mis Chwefror canlynol, fod yr Is-bwyllgor wedi penderfynu argraffu 1,000 o gopïau ychwanegol.

Bu Jane Jones, ar ran rhanbarth Arfon, ar ei thraed yn gofyn yn daer am gymorth y Cyngor i Gymreigio'r Banc Geiro, sef banc y Swyddfa Bost yr adeg honno, ac ym Mhwyllgor Gwaith Chwefror 1990 fe benderfynwyd cefnogi ymgyrch Eleri Carrog parthed Telecom Prydeinig a'r DVLC. Ar y pryd, roedd rhaid cofrestru cerbyd yn uniaith Saesneg ac, wrth gwrs, roedd holl ffurflenni'r Swyddfa Bost hefyd yn Saesneg yn unig. Bron yn ddieithriad, ateb negyddol a gaem oddi wrth y cwmnïau hyn, a'u hesgus fel arfer fyddai diffyg arian. Byddai'n rhaid inni wedyn gyfeirio ein cwynion at fudiad Cefn er mwyn iddynt gefnogi ein hymgyrch.

Teimlai rhai pobl yn gryf yn y cyfnod hwn mai cwango fyddai unrhyw beth fyddai'n cael ei sefydlu gan y Llywodraeth, a bod angen llais cryfach, purach ar Gymru i gyrraedd y nod o gael Deddf Iaith gynhwysfawr. I'r perwyl hwn sefydlwyd y Fforwm Iaith, sef 'ymdrech ddifrifol i uno mudiadau a chymdeithasau Cymraeg mewn un sianel bositif a fyddai'n cynrychioli buddiannau cymunedau Cymreig'.

Wrth gwrs, roedd Merched y Wawr wedi hen sylweddoli taw Deddf Iaith gynhwysfawr oedd yr unig ateb ac felly roeddem ni gant y cant y tu ôl i bob ymdrech i greu sefyllfa 'lle y gwelwn ddwyieithrwydd yn norm, gan sicrhau yr hawl i'n ffurflenni, arwyddion, hysbysebion a phob agwedd o fyw bywyd dinesig cyhoeddus fod yn y Gymraeg, a hynny'n hollol naturiol heb orfod brwydro dros bob consesiwn'.

Yn 1989 bu'r Arglwydd Gwilym Prys Davies mewn cyfarfod o Bwyllgor Polisi'r Urdd lle derbyniwyd ei argymhellion am Ddeddf Iaith. Mewn cyfarfod o'r Fforwm Iaith yn ddiweddarach, a fynychwyd gan ein Trefnydd ar y pryd, Mererid Jones, siaradodd y Dr Meredydd Evans yn ysgubol o gadarnhaol o blaid y cymhellion. Felly, gwahoddwyd ef i ddod i siarad â'r Pwyllgor Gwaith i esbonio'r goblygiadau i ni. O'r diwedd, roedd gennym ni i gyd fel mudiadau gwirfoddol rywbeth i'w gefnogi, a hynny mewn ffyrdd cyfansoddiadol.

Llosgai'r fflam yn gryf yn ein mudiad, felly. Ac fel adlewyrchiad o hynny, wele'n gwmni i mi ar lwyfan neuadd fawr Syr John Morris-Jones ym Mangor ym Mhenwythnos Preswyl y mudiad yn 1988 y gannwyll anferth oedd ar ei thaith o gwmpas Cymru ar y pryd i goffáu cyfieithu'r Beibl i'r Gymraeg gan William Morgan bedwar can mlynedd ynghynt. Oni bai i Elizabeth y 1af fynnu bod y Cymry yn cael y Beibl yn eu hiaith eu hunain er mwyn achub eu heneidiau, ac oni bai i William Morgan gyflawni'r dasg orchestol honno, tybed a fyddai gennym iaith i ymgyrchu drosti?

Yn sgil dathliadau'r pedwar can mlwyddiant, derbyniodd Mererid a minnau wahoddiad i fynychu seremoni yn Abaty Westminster ar yr 31ain o Hydref i gysegru'r cyfieithiad newydd. Fel roedd hi'n digwydd, roedd criw ohonom ni'r aelodau yn cyrraedd 'nôl i Lundain ar ôl ein gwibdaith fythgofiadwy i Rufain a Firenze y diwrnod cyn y seremoni. Ym mherfeddion ein casys, felly, roedd ein dillad crand a'n hetiau ar gyfer yr achlysur!

Ar ôl ffarwelio â gweddill y criw, cawsom lety dros nos gyda ffrindiau yn Crawley. Fore Llun roedd rhaid teithio o Crawley i orsaf Paddington er mwyn gadael ein casys yn y *left luggage* yno. Bant â ni wedyn, nerth ein traed, i chwilio am dacsi i'n cyrchu i'r Abaty. Suddasom i'n seddau, ond nawr roedd yn rhaid trio troi dwy het fflat fel pancos yn wrthrychau teilwng i ymddangos yn Abaty Westminster!

Roedd y traffig yn drwm ac roeddem ni'n hwyr ofnadwy. Wrth ddod i gyrion Westminster, a gweld Big Ben fan draw, fe'm synnwyd gan niferoedd y bobl oedd wedi ymgasglu ar y palmentydd. Roedd pawb wedi mynd i mewn i'r Abaty pan gyrhaeddon ni o'r diwedd, felly i mewn â ni'n dwy, braidd yn llechwraidd, drwy'r drysau hynafol. Roedd y lle'n orlawn a, heb edrych i'r chwith na'r dde, fe'n tywyswyd i'n seddau ar yr ochr chwith yn y blaen. Gallem deimlo pob llygad arnom. Eiliadau wedyn, pwy a'n dilynodd, wedi'i gwisgo mewn gwyrdd ac yn cael ei thywys i'w sedd, ond y Frenhines Elizabeth yr 2il! Felly, nid disgwyl ein hymddangosiad ni yn ein hetiau fflat yr oedd y tyrfaoedd wedi'r cwbl! Hyfryd oedd clywed y Gymraeg yn atseinio rhwng muriau'r adeilad hanesyddol yn y gwasanaeth arbennig hwnnw.

Ond roedd angen mwy o ymgyrchu ar ein rhan. Erbyn hyn, roedd y Fforwm Iaith wedi cyflwyno'i argymhellion i Ysgrifennydd Gwladol Cymru, er mwyn i'r iaith gael dilysrwydd cyfartal â'r Saesneg ac er mwyn sefydlu bwrdd statudol i ddiogelu'r iaith a'i defnydd yng Nghymru. Daethpwyd i'r penderfyniad yn y Cyngor Cenedlaethol ar 6 Mai 1989 y dylid cynnal cyfarfod cyhoeddus ar y prynhawn Iau yn Eisteddfod Genedlaethol Llanrwst i ddangos cefnogaeth MyW i'r ymgyrch am Ddeddf Iaith newydd. Dewiswyd fel siaradwyr gwadd Angharad Tomos, Catrin Stevens a Gwyneth Morus Jones. Yna, ym Mhwyllgor Gwaith y mudiad ym mis Chwefror 1990, penderfynwyd llunio deiseb i gefnogi'r Ddeddf a'i chyflwyno i Syr Wyn Roberts mewn lobi yn Nhŷ'r Cyffredin ar 18 Mehefin 1990.

Cludwyd miloedd o enwau ar ein deiseb i Lundain ac wele, unwaith eto, garfan anferth o ferched hawddgar ond penderfynol iawn yn disgyn ar Dŷ'r Cyffredin. Cawsom gynnal cyfarfod yn un o'r is-siambrau ac rwy'n cofio cyfeirio yn fy araith, â'm calon yn curo fel gordd gan nerfusrwydd, at Gymru fel yr hen wreigan yn y llun enwog yn cario baich Lloegr ar ei hysgwyddau, a mynegi'r gobaith y byddai Elizabeth yr 2il yn rhoi sêl ei bendith ar ddeddf i ddiogelu ein hiaith fel y diogelodd Elizabeth y 1af hi drwy ei gorchymyn i gyfieithu'r Beibl i'r Gymraeg yn 1588.

Anodd oedd cael cyfle i yngan gair wrth gyflwyno'r ddeiseb i Syr Wyn Roberts. Ceisiodd ein darbwyllo bod yr iaith yn ddiogel oherwydd y byddai Llywodraeth Maggie Thatcher yn gwneud y Gymraeg yn statudol yn holl ysgolion Cymru.

Mudiad arall oedd yn ymgyrchu'n ddygn yn y cyfnod hwn hefyd, wrth gwrs, oedd Cymdeithas yr Iaith, ac fe gefais i, fel Llywydd MyW ar y pryd, wahoddiad i annerch yn Rali Addysg 'Wynebwn Her y Mewnfudwyr' ym Mhrifysgol Caerdydd ar 3 Chwefror 1990. Y siaradwyr gwadd oedd Gwynfor Evans, Dafydd Orwig, Gwyneth Morus Jones, Ffred Ffransis a fi. Cadeirydd y cyfarfod oedd Siân Howys. Bu llawer o drafod parthed hawl Llywydd Cenedlaethol MyW i annerch rali Cymdeithas yr Iaith oherwydd nad oeddent bob amser yn gweithredu'n ddi-drais ac oherwydd ein bod ni, yn ôl ein hamcanion, yn amhleidiol yn boliticaidd. Codwyd yr un ddadl pan aeth rhai ohonom i gefnogi rali flaenorol yng Nghaerdydd. Ysgrifennodd Mererid at y Comisiwn Elusennau yn Lerpwl er mwyn taflu goleuni ar ein sefyllfa gyfreithiol fel mudiad elusennol oedd yn derbyn cymhorthdal gan y Swyddfa Gymreig. Derbyniodd lythyr yn ôl yn dweud bod Cymdeithas yr Iaith yn cael ei ystyried yn grŵp radicalaidd oedd yn defnyddio trais weithiau ac felly na ddylem gefnogi ei weithgareddau oherwydd eu bod yn cael eu hystyried yn rhai politicaidd.

Fy nadl i, a llawer aelod arall, oedd nad mater politicaidd oedd gwarchod iaith ond, yn hytrach, hawl gynhenid pob unigolyn. Felly, tyrru i Gaerdydd a wnaethom ac ymgasglu yn yr hyn a arferai fod yn neuadd fwyta Aberdare Hall pan oeddwn i'n fyfyrwraig yno yn y 1960au. Mor Seisnig oedd yr awyrgylch yr adeg honno, a nawr dyma fi yn annerch dilynwyr Cymdeithas yr Iaith yn yr union fan!

Fe gawsom ein deddf i ddiogelu ein hiaith ac fe gawsom chwarae teg i nifer o'r pynciau llosg oedd yn ein poeni, a hynny oherwydd dycnwch a dyfalbarhad ein haelodau penderfynol. 'Dyfal donc a dyr y garreg' medd yr hen ddihareb a byddai'n arwyddair addas i ni fel mudiad. Rwy'n siŵr y bydd yr holl aelodau sy'n cofio'r ymgyrchu cynnar hwnnw'n cytuno iddi fod yn fraint, ac yn her, i berthyn i fudiad a lwyddodd i wneud cymaint o wahaniaeth ar adeg mor gyffrous yn hanes ein cenedl.

Margarette Hughes
Llywydd Cenedlaethol 1988–1990

Dyddiadur Lesotho

YM MIS IONAWR 2001 cafodd Sylwen Lloyd Davies a minnau'r fraint fawr o gael ymweld â Lesotho yn Ne Affrica. Y rheswm dros ein hymweliad oedd gwahoddiad a gafodd Sylwen, fel ein Llywydd Cenedlaethol ar y pryd, i agor canolfan newydd i'r Homemakers (mudiad sy'n cefnogi menywod a phlant yn Lesotho) oedd wedi ei hariannu gan arian a gasglwyd gan Ferched y Wawr.

Diwrnod 1

Profiad bythgofiadwy oedd cyrraedd Maseru, prifddinas Lesotho, ar ôl 16 awr o deithio a thros 8 awr o aros mewn gwahanol feysydd awyr. Yno i'n croesawu roedd ein gwesteiwyr Mali a Lefu Mokokoane mewn hen jîp (gyda phwyslais ar yr 'hen'!). Bu'n rhaid i ni ddefnyddio ein bagiau fel grisiau er mwyn gallu dringo i'r cefn, cyn cael ein cludo'n herciog dros ffyrdd pridd tyllog i'w cartref. Roedd y tywydd yn chwilboeth a'r llwch yn codi fel cymylau o'n cwmpas. Er bod Mali wedi bod yn diwtor mewn coleg a Lefu wedi bod yn yr heddlu, digon tlodaidd oedd y cartref, y carpedi bellach wedi treulio a'r basn yn yr ystafell ymolchi yn prysur ymwahanu 'wrth y wal. Roeddent erbyn hyn wedi ymddeol ac yn ddi-incwm gan nad oedd y fath beth â phensiwn i'w gael yno o gwbl. Er hynny, gwelais Mali â'm llygaid fy hun yn rhannu ei harian prin gydag aelodau eraill o'i theulu. Daeth ei chwaer yng nghyfraith yno un diwrnod a rhoddodd Mali bres iddi cyn iddi gychwyn adre. Synnwn i ddim mai

56

dyna oedd y drefn bob tro y deuai yno. Hefyd, roedd un o'i hwyrion a dau o'i ffrindiau'n aros yno yr un pryd â ni, y tri wedi dod i'r ddinas i chwilio am waith ond yn methu cael dim a Mali wedi cymryd trugaredd arnyn nhw.

Ein swper y noson honno oedd pa-pa, dail a ffrwyth pwmpen a chig cyw a diod o'r ffrwyth gwafa. Yn wir, dyna oedd ar y fwydlen bron bob dydd wedi hynny. Yna, cyn mynd i'n gwelyau, bu'n rhaid cynnal cyfarfod gweddi i ddiolch i Dduw am ein dyfodiad ni i Maseru. Neilltuwyd ystafell fechan bob un i ni ac mi gysg'son ein dwy fel tyrchod y noson honno!

Diwrnod 2

Bu'n rhaid codi am 8 o'r gloch fore trannoeth gan ein bod yn mynd ar ymweliad answyddogol ag adeilad Cynulliad y wlad. Derbyniodd Lesotho ei hannibyniaeth yn 1966. Aeth y Prif Glerc â ni o gwmpas ac yna cawsom baned efo'r Llefarydd, gwraig ifanc urddasol oedd wedi bod yn Llundain yn derbyn hyfforddiant ar gyfer ei swydd gan Betty Boothroyd, oedd yn Llefarydd yn San Steffan ar y pryd. Doedd dim trafodaethau y diwrnod hwnnw ond roedd yn ddiddorol iawn deall bod y cyfan yn digwydd trwy gyfrwng yr iaith Sesotho.

Yn ystod y prynhawn aeth Mali â ni i weld ffatri ddillad lle roedd merched yn gwneud dillad plant yn fwyaf arbennig, cyn mynd yn ôl i'n lletu a chael bod merched yr Homemakers wedi paratoi parti bach i'n croesawu. Roedd Gweinidog yr Amgylchedd a Gweinidog y Cyngor i Ferched yno hefyd. Roeddem ein dwy yn teimlo fel pwysigion go iawn, yn enwedig y noson honno pan gawsom fynd, yng nghwmni Mali, i gartref y fam frenhines a chael ein cyflwyno iddi. Roedd hwn yn gartref moethus a chyfforddus iawn. Cofiaf fod llun mawr o'i merch a fu farw'n ddeunaw oed ar y wal. Gwraig hynod garedig a chartrefol, agos-atoch oedd hi ac yn sgwrsio fel tase hi wedi ein nabod erioed.

Diwrnod 3

Fel cyn-athrawon roeddem ein dwy wrth ein bodd yn cael ymweld ag ysgol Roma, ysgol sydd wedi ei gefeillio ag un o ysgolion Bangor. Roedd dros 1,500 o ddisgyblion yno a rhai o'r plant yn cerdded dros ddeng milltir i'w chyrraedd bob dydd. Roedd gan y brifathrawes weledigaeth y byddai'n sefydlu ysgolion lleol yn y pentrefi bach gwledig anghysbell i arbed i'r plant orfod teithio mor bell, a hi fyddai'r brifathrawes arnynt i gyd! Mae'n siŵr bod hynny'n ffaith erbyn hyn.

Edrychai'r ysgol yn gyntefig iawn i ni: hen, hen lyfrau ar y silffoedd a dim ond llun o'r brenin ar y mur! Roedd y plant yn bwyta'u cinio y tu allan a'r gogyddes yn coginio mewn cwt agored. Pan geisiais dynnu llun ohoni mi wyrodd i lawr a chuddio! Doedd hi ddim yn meddwl ei bod yn ddigon pwysig i gael tynnu'i llun, eglurodd y brifathrawes wrthym.

Yna cawsom ein cludo i fyny i'r mynyddoedd i weld cynllun anferth i gronni dŵr ar gyfer trigolion Lesotho ac, yn bwysicach, ar gyfer ei werthu i Dde Affrica, gan obeithio y byddai'n help i economi'r wlad. Roedd llyn enfawr 16 milltir o hyd ar fin cael ei greu ac argae fawr y Mohali ar hanner ei hadeiladu. Trist oedd gweld olion un pentref wedi ei chwalu, a hynny'n naturiol yn ein hatgoffa o'r hyn ddigwyddodd yn Llanwddyn a Chapel Celyn. Roedd dau gynllun arall tebyg i'w creu eto yn y dyfodol.

Pan gyrhaeddon ni'n ôl cyflwynwyd gwahoddiad i ni'n dwy i briodas y brenin. Roedd hynny'n digwydd drennydd a doedd gan 'run ohonon ni het!

Diwrnod 4

Heddiw aed â ni i sefydliad a elwid yn Goleg Galwedigaeth lle roedd yr ieuenctid yn dysgu gwahanol grefftau fel gwehyddu, gwaith coed, coginio a gwaith llaw. Ymlaen wedyn i'r ysgol feithrin a chlywed y plant bach yn canu i ni yn eu mamiaith.

Rhyfeddai rhai ohonynt at ein camerâu ac roedd rhai yn wir yn eu hofni!

Cafwyd cinio yn swyddfa Dolen Cymru cyn i ni gael ein gollwng yn rhydd i siopa a, dyna lwc, gwelsom hetiau gwellt ar werth ar y stryd! Prynwyd dwy o'r rhai smartiaf am ryw £3.50 yr un!

Diwrnod 5

Dyma ddiwrnod hanesyddol iawn yn Lesotho a ninnau'n cael bod yn rhan ohono – diwrnod priodas y brenin â merch gyffredin oedd yn fyfyrwraig ym Mhrifysgol Cape Town. Roedd y briodas i'w chynnal mewn stadiwm anferth a ddaliai tua 70,000 o bobl er mwyn i drigolion yr holl wlad gael bod yn rhan o'r dathliadau. Bu'n rhaid codi am hanner awr wedi pump y bore er mwyn bod yn y stadiwm erbyn saith. Cawsom seddau da ac eistedd yno dan haul crasboeth am dair awr yn gwrando ar amrywiaeth o gorau a gwylio pob math o wahanol ddawnsfeydd lliwgar.

Cyrhaeddodd llawer o bwysigion a'u teuluoedd ac arweinyddion holl daleithiau De Affrica ac, yn eu plith, Nelson Mandela! Do, buom yn ddigon ffodus i gael cipolwg ar y dyn mawr ei hun. Erbyn hyn roedd y stadiwm yn orlawn ac yn fwrlwm o gyffro.

Ychydig cyn deg o'r gloch cyrhaeddodd y priodfab mewn jîp ac yna'r briodasferch, eto mewn jîp cefn-agored er mwyn i bawb allu ei gweld. Gwisgai ffrog wen wedi'i brodio â choronau arian a'r *train* hwyaf a welais erioed, yn llathenni lawer o hyd o'i hôl! Gwasanaeth Cristnogol oedd o a'r cyfan trwy gyfrwng yr iaith Sesotho.

Yn dilyn y seremoni aeth y pâr priod a'u teuluoedd i'r palas i'r wledd briodasol tra bod gweddill y gwahoddedigion yn cael bwyd yng ngerddi'r palas, a'r gwybed a'r cacwn yn mwynhau gwledda gyda ni! Roedd yr hwyl a'r rhialtwch, y dathlu a'r cyffro yn rhoi diwrnod bythgofiadwy i drigolion Lesotho ond dwi'n siŵr mai'r hyn fydd yn aros yn ein cof ni fydd yr awyrgylch gartrefol, braf oedd yno, er ein bod ynghanol y torfeydd mwyaf a welsom erioed. Ni, bron, oedd yr unig bobl groenwyn yno, ond roedd yr hetiau'n siwtio'r amgylchiadau i'r dim!

Diwrnod 6

Nid undydd o ddathlu a neilltuwyd i'r briodas yma ond tridiau, a'r frenhines newydd yn gwisgo'i ffrog briodas gydol y tri diwrnod. Roedd rhai'n holi oedd hi wedi dod allan ohoni o gwbl ond alla i ddim ateb y cwestiwn hwnnw i chi!

Yn Leribe, cartre'r frenhines, yr oedd dathliadau'r ail ddiwrnod ac aeth Mali â ni yno i ganol y pwysigion. Roedd yno bobl o bob rhan o'r wlad yn eu gwisgoedd traddodiadol hynod liwgar a phawb yn mwynhau eu hunain yn dawnsio a chanu, a'r pâr priod yn cerdded o gwmpas y cae'n sgwrsio a chymdeithasu'n hollol anffurfiol, er bod heddlu heb fod nepell wrth gwrs. Tyrfaoedd yma eto a phobl wedi dringo i frigau'r coed, hyd yn oed, i gael gwell golygfa!

Ar y ffordd 'nôl cawsom ymweld â chyfnither i Lefu oedd yn byw yn un o'r bythynnod bach crwn, to gwellt. Dyma fythynnod traddodiadol trigolion Lesotho ac mewn cartrefi fel hyn roedd mwyafrif helaeth y trigolion yn byw, yn arbennig felly yn y wlad. Roedd hwn, er hynny, yn gartref bach digon cysurus a chlyd, un ystafell wedi'i rhannu â chyrten, y naill hanner yn ystafell fyw â dodrefn angenrheidiol cegin yn cynnwys set deledu fach a'r hanner arall yn ystafell wely. Gerllaw roedd bwthyn arall ar hanner ei adeiladu. Roedd y wraig wedi bwriadu adeiladu tŷ newydd iddi hi ei hun ond wedi rhedeg allan o bres ac wedi gorfod ei adael fel yr oedd. "Rhyw ddiwrnod, efallai," meddai hi.

Diwrnod 7

Mae hi'n ddydd Sul heddiw. Aed â ni i wasanaeth yn Eglwys Efengylaidd Lesotho am hanner awr wedi wyth y bore lle roedd dros fil o bobl o bob oed yn addoli. Ni'n dwy oedd yr unig rai croenwyn yno. Cawsom ein croesawu'n swyddogol a chynnes i'r oedfa. Ar y ffordd allan gwelsom fod dros fil arall yn disgwyl cael mynd i mewn.

Yna, yn y prynhawn, roedd yn rhaid mynd i drydydd dydd y dathliadau – i Matsieng, pentref y fam frenhines a'i mab, y brenin. Diwrnod o ddathlu anffurfiol oedd hwn eto. Yr hyn a'm trawodd i oedd gweld yr holl bobl, cannoedd yn llythrennol, yn cerdded o bob cyfeiriad er mwyn cael gweld y brenin a'i wraig newydd. Mae'n rhaid dweud bod perthynas y teulu brenhinol â'u deiliaid yn un agos ac anffurfiol iawn.

Diwrnod 8

Diwrnod tawel oedd hwn, diolch am hynny, gan fy mod wedi bod yn sâl bron drwy'r nos! Roeddem wedi cael ein rhybuddio i beidio ag yfed dŵr heb ei ferwi ond, heb yn wybod i ni, roedd dŵr oer yn cael ei ychwanegu at y sudd ffrwythau a yfem bob dydd. Roedd y cyflenwad dŵr cyhoeddus yn dra diffygiol, heb sôn am ddarpariaeth ddiogel o ddŵr glân. Un diwrnod buom heb ddŵr o gwbl, dim glanhau dannedd, dim diod, dim 'molchi, dim bath, dim fflysio'r toiled. Mae'n rhaid i mi gyfaddef 'mod i'n gwerthfawrogi bod â digon o ddŵr glân yn fawr iawn ar ôl y profiad arswydus hwnnw. Bûm yn dioddef trafferthion â'm coluddion am naw mis ar ôl dychwelyd adre oherwydd problem ddŵr Lesotho.

Treuliasom y bore yng nghwmni merched yr Homemakers yn egluro ychydig am sefydlu a threfniadaeth Merched y Wawr a hwythau yn eu tro yn egluro i ninnau sut roedd eu mudiad hwy wedi cael ei ffurfio i hyfforddi merched tlawd ynglŷn ag anghenion a thrafod sgiliau sylfaenol bywyd, fel magu plant, glendid corfforol, coginio, plannu hadau, tyfu llysiau a ffrwythau, eu cynaeafu a'u paratoi i'w bwyta neu eu storio.

Yn ystod y prynhawn aethom yn ôl i'r senedd-dy a chael te gyda'r Llefarydd a derbyn anrhegion ganddi o dapestrïau o waith llaw i'w gosod ar y wal gartref.

Diwrnod 9

Dyma'r diwrnod y buom yn edrych ymlaen ato cyhyd – diwrnod agoriad swyddogol Canolfan yr Homemakers. Roeddem yno erbyn deg o'r gloch y bore ond dyna siom gawson ni! Doedd dim to, ffenestri na drws i'r adeilad, dim ond cragen anorffenedig! Ond roedd yno gannoedd o bobl, gan gynnwys sawl aelod o'r Cynulliad a'r hen wraig fu'n gyfrwng sefydlu'r Homemakers yn wreiddiol. Diddorol oedd ei gweld hi a Sylwen, un o sylfaenwyr Merched y Wawr yn y Parc, yn sgwrsio â'i gilydd. Cafwyd llu o areithiau, digon o ddawnsio a dathlu a Sylwen a'r Cyfarwyddwr yn torri'r rhuban a chyhoeddi bod y Ganolfan ar agor!

Eglurwyd i ni fod y Ganolfan yn anorffenedig am eu bod wedi rhedeg allan o arian a phenderfynodd Sylwen a minnau y byddem, wedi dychwelyd i Gymru, yn cynnal nosweithiau i ddweud ein hanes a threfnu casgliad er mwyn cwblhau'r gwaith. Trwy garedigrwydd llu o ganghennau Merched y Wawr, mudiadau eraill ac eglwysi anfonwyd £3,000 ychwanegol i'r Homemakers i'w cynorthwyo.

Hon fyddai ein noson olaf yn Lesotho felly penderfynwyd mynd â Mali, Lefu ac un o weithwyr Dolen Cymru allan i ginio i ddangos ein gwerthfawrogiad o'u caredigrwydd tuag atom. Aethom i un o westai mwyaf moethus Maseru. Byddech yn tyngu ein bod yn y Savoy! Ond mor gamarweiniol, o dro i dro, yw'r wedd allanol. Archebais i'r stecen ddrutaf ar y fwydlen ond â'm helpo! Roedd mor wydn â chroen deinosor! Mae'n rhaid fod yr hen eidion hwnnw wedi crwydro anialdir Lesotho am ganrifoedd. Methais fwyta'r un gegaid ohono!

Diwrnod 10

Roeddem i fod ym maes awyr Maseru cyn 12.30 y pnawn. Roedd Sylwen a minnau â'n cesys yn barod ond doedd dim golwg o Mali na Lefu trwy'r bore. Hanner awr wedi deg! Un ar ddeg! Hanner awr wedi un ar ddeg! Roedd hi'n tynnu am hanner dydd! Dim golwg ohonyn nhw a ninnau ar bigau'r drain. Yna, o'r diwedd, dyma nhw'n cyrraedd. Roedden nhw wedi bod yn y dref i brynu anrhegion i ni – crysau T a defnyddiau i ni wneud ffrogiau i ni'n hunain pan gyrhaeddem adref. Roedd brys mawr rŵan i hel ein paciau am y jîp. "Just a minute," meddai Mali, "we must pray!" Aeth â ni i'r ystafell wely i weddïo am daith ddiogel adref. Oedd, roedd Mali'n Gristion pybyr. Tra buon ni yno cynhaliwyd cyfarfod gweddi bob nos a hynny mewn tair iaith: y Gymraeg, Saesneg a Sesotho.

Er gwaetha'r tlodi a'r angen yn Lesotho welson ni erioed neb mor ddiolchgar a gwerthfawrogol na neb mor llawen â merched y wlad – roeddent bob amser yn canu, bob amser yn dawnsio ac roedd y croeso a gawson ni'n dwy yn gwbl anhygoel. Bu'n brofiad i'w drysori am oes.

Mair Penri
Llywydd Cenedlaethol 1990–1992

Pws sy'n gwisgo bathodyn MyW?

PAM MAE DEWI Pws yn gwisgo bathodyn Merched y Wawr ar ei het? Wel, nid am ei fod yn aelod o Ferched y Wawr, siŵr iawn, ond er serchus gof am ei fam, oedd yn aelod gweithgar a ffyddlon o'r mudiad – ac yn gymeriad. Mae'r bathodyn wedi newid o ran ffurf a defnydd ar hyd y blynyddoedd ond mae Dewi, chwarae teg, yn dal i wisgo yr un copr gwreiddiol.

Daeth y syniad o gael bathodyn i'r mudiad yng nghyfarfod y Cyngor Cenedlaethol cyntaf hwnnw yn Swyddfa'r Urdd ym mis Rhagfyr 1967 a threfnwyd cystadleuaeth ymysg yr aelodau. Swyddogion cenedlaethol y mudiad oedd y beirniaid, ac roedden nhw'n gytûn o'r dechrau y dylid cadw'n glir oddi wrth symbolau fel dreigiau cochion, telynau, cennin a gwragedd mewn gwisg Gymreig! 'Barnwyd bod mudiad newydd modern yn deilwng o symbol newydd cyfoes' oedd y penderfyniad.

Daeth 30 o gynlluniau i law a dewiswyd un o eiddo Hannah Rogers, cangen Rhos a Phen-y-cae, am fod y beirniaid yn teimlo ei fod yn gynllun syml ond effeithiol a fyddai'n hawdd ei gynhyrchu mewn un lliw yn unig, sef aur, lliw y wawr. Fel y soniais, copr oedd y bathodyn gwreiddiol – ond o'i lanhau a'i sgleinio byddai'n disgleirio fel aur!

Mererid Jones

Anthem y dynion

MEDDYLIWCH MAI DAU ddyn sy'n gyfrifol am anthem Merched y Wawr! Mae'r hanes yn un difyr iawn.

Cychwynnwyd ar y broses o greu anthem i Ferched y Wawr yn gynnar iawn yn hanes y mudiad. Yn rhifyn Haf 1970 o'r *Wawr* hysbysebwyd cystadleuaeth i ysgrifennu geiriau i'r anthem gyda nodyn fel hyn: 'Nid oes rhaid i'r geiriau fod yn waith yr aelod ei hunan. Gellwch ofyn i gyfaill (gŵr neu wraig) lunio'r geiriau.'

Erbyn Gorffennaf 1970 roedd 15 cân wedi eu derbyn i'r gystadleuaeth ond roedd yr 'arbenigwyr' yn methu cymeradwyo yr un o'r ymdrechion fel cân addas i'r mudiad. Yr arbenigwyr oedd Dr Enid Parry, Geraint Bowen a'r Parchedig Gerallt Jones. Felly penderfynwyd gadael y mater am y tro, ond yn sydyn yng ngwanwyn 1972, mewn cyfarfod o'r Pwyllgor Gwaith, fe ddarllenwyd cân yr oedd y tri beirniad yn ei chymeradwyo ac fe ategodd aelodau'r Pwyllgor Gwaith y penderfyniad. Cân oedd hi o waith y Parchedig D Jacob Davies, Alltyblaca, Llanybydder.

Ar ôl cael geiriau roedd yn rhaid cael cerddoriaeth ac eto fe gynhaliwyd cystadleuaeth, a'r tro hwn cynigiwyd gwobr o £25. Eto, doedd y gystadleuaeth ddim yn gyfyngedig i ferched ond gofynnwyd am dôn wreiddiol i ddau lais. Canwyd y pedair tôn a farnwyd yn orau gan y beirniaid yng nghyfarfod Tachwedd 1973 o'r Cyngor Cenedlaethol. Cafodd yr aelodau oedd yn bresennol gyfle i bleidleisio ac ar sail y nifer uchaf o bleidleisiau dewiswyd y dôn o eiddo 'Pryderi' sef Elfed Owen, Tal-y-sarn, Caernarfon.

Ie, rhyfedd o fyd, ond rwy'n amau rhywfodd ai dau ddyn fyddai'n gyfrifol am anthem heddiw! Rwy'n credu bod gan ferched erbyn hyn fwy o hyder yn eu doniau a'u galluoedd ac rwy'n credu i Ferched y Wawr fod yn rhannol gyfrifol am hynny.

Mererid Jones

Atgofion pum llywydd

Ennill a cholli

YN YSTOD FY nhymor fel Llywydd Cenedlaethol daeth y profiad o ennill a cholli yn fynych i'm rhan. Yn sicr, y profiad o golli Mererid Jones fel Trefnydd oedd y tristaf a hithau wedi rhoi deng mlynedd o wasanaeth eithriadol o werthfawr i'r mudiad. Golygai hyn nid yn unig benodi olynydd ond hefyd ddod o hyd i swyddfa arall i'r mudiad yn Aberystwyth. Mater o golli ac ennill fu'r profiad.

Ar y pryd roedd y mudiad yn flaenllaw yn yr ymgyrch i sicrhau statws cyfreithiol i'r iaith Gymraeg a phan benderfynwyd cyflwyno Deddf yr Iaith Gymraeg gerbron Tŷ'r Arglwyddi ar 19 Ionawr 1993, yno yr aeth Mererid a minnau yng nghwmni ymgyrchwyr brwd eraill.

Cychwynnodd y drafodaeth am bedwar o'r gloch y prynhawn gyda'r Arglwyddi Gwilym Prys Davies, Emlyn Hooson, Cledwyn Hughes, Williams o Fostyn, Gordon Parry, Irene White, John Morris, Thomas o Wydir, Nicholas Edwards a Geraint Howells yn cymryd rhan. Roedd yr achlysur yn un arbennig i Dafydd Elis-Thomas – traddododd ei araith gyntaf yn Nhŷ'r Arglwyddi. Ond araith Geraint Howells a'n dwysbigodd. Er ei fod yn cynrychioli'r seithfed genhedlaeth o'i deulu ym Mhonterwyd erbyn hyn, meddai, roedd gan y newydd-ddyfodiaid o Loegr fwy o hawliau nag a feddai ef! Dyna ddweud y cyfan.

Ymhen tair awr a hanner, daeth y drafodaeth i ben yn Nhŷ'r Arglwyddi, ond nid felly yng Nghymru. O oes i oes ni ddaw'r trafod na'r dadlau byth i ben yma, oherwydd mater o golli ac ennill fu hanes Cymru erioed.

Nan Lewis
Llywydd Cenedlaethol 1992–1994

Swper a sêr

RHAID BOD YN barod am unrhywbeth – dyna un peth a ddysgais i fel Llywydd Merched y Wawr! Y ddiweddar Meira Roberts, Abergele, oedd y Swyddog Datblygu ar rai o ranbarthau'r Gogledd yn ystod fy nghyfnod i a chofiaf yn dda am ei chais ar ran Hybu Iechyd Cymru.

Eu bwriad oedd cynnal ymgyrch bwyta'n iach yn ystod Sioe Amaethyddol Llanelwedd yn 1994, ac fe ofynnon nhw i nifer o Gymry amlwg ar y pryd gyfrannu eu hoff ryseitiau ac arddangos eu dawn goginio yn y sioe. Ymysg y 'sêr' yr oedd Roy Noble, Dudley Newbury, Jenny Ogwen a Rhiannon Bevan, Ysgrifenyddes Gyffredinol Sefydliad y Merched dros Gymru a Lloegr ar y pryd. Gwahoddwyd Meira a finnau i gyfrannu. Roedd gan Meira'r ddawn i goginio ac arddangos ond roedd hyn yn newydd i mi!

Allwn i ddim gwrthod cais Meira, a'r pryd bwyd y gofynnwyd i mi ei goginio'n fyw o flaen cynulleidfa oedd *stir fry* cyw iâr, oren a iogwrt. Felly, am gyfnod, hon oedd fy hoff rysáit gan i mi orfod ymarfer ac ymarfer yn y gegin gartref cyn y diwrnod mawr. Ac rwy'n falch o ddweud i bopeth fynd yn hwylus iawn ar y diwrnod! Pwdin haenen riwbob oedd 'hoff' rysáit Meira.

Casglwyd y cyfan ynghyd mewn llyfryn o hoff ryseitiau'r enwogion sef *Swper y Sêr*.

Yng nghyngor Tachwedd 1995 cefais y fraint o urddo Marged Lloyd Jones yn Llywydd Anrhydeddus y mudiad. Gwelaf hi'n awr, mor urddasol ar y llwyfan yn cymryd llw o deyrngarwch i Ferched y Wawr, yr hyn yr oedd wedi'i wneud o'r cychwyn cyntaf.

Dyma hefyd gyfnod cychwyn ailstrwythuro'r mudiad. Roedd nifer o'r aelodau ar y pryd yn wrthwynebus ac yn anghytuno â'r ailstrwythuro – rhai'n dadlau y byddem yn gwanhau'r mudiad ac eraill yn teimlo na fu digon o ymgynghori.

Teithiais y rhanbarthau i egluro'r newidiadau arfaethedig gan bwysleisio'r angen i'w gwneud er mwyn symud y mudiad ymlaen yn gadarn ac yn gryfach i'r unfed ganrif ar hugain. Roedd hi'n anodd plesio pawb, wrth gwrs. Ond rwy'n falch o ddweud bod y rhan fwyaf yn derbyn bod angen newid er mwyn symud ymlaen.

Rhianwen Huws Roberts
Llywydd Cenedlaethol 1994–1996

71

Cyffro a chais

NOSON BRAF DDIWEDD Awst 1998 oedd hi. Safem yn griw disgwylgar o swyddogion y mudiad ar y prom yn Aberystwyth. Yn allweddol yn y cwmni yr oedd Non Griffiths, y Trefnydd, Eirlys Phillips, y Trysorydd, ac Elinor Davies, yr Ysgrifennydd. Yn gefnlen yr oedd 'rhyfeddod y machlud' chwedl T Rowland Hughes ac, o'n blaenau, John Meredith a'i feicroffon yn barod i ddarlledu'n fyw y newyddion am lwyddiant ein cais am grant o ymhell dros £200,000 o Gronfa Treftadaeth y Loteri Genedlaethol. Grant oedd hwn er mwyn prynu adeilad addas ar gyfer ei sefydlu'n Ganolfan Genedlaethol i Ferched y Wawr.

Yng nghyffro'r llwyddiant, diflannodd yr atgof am y gwaith dyfal a'r rhwystredigaethau a'r gystadleuaeth ffyrnig, y teithio, y pledio a'r apelio a chasglu arian cyfatebol oddi wrth unigolion a changhennau a rhanbarthau ledled Cymru. O ie – a'r mynyddoedd o ffurflenni!

Y noson braf honno, yn 1998 ar y prom, cofiaf ein bod ar ben ein digon o weld llygedyn y wawr ar ein prosiect cyffrous.

Valerie James
Llywydd Cenedlaethol 1996–1998

Syrpréis, syrpréis

Roedd 2003 yn flwyddyn arbennig iawn i Marged Lloyd Jones, ein Llywydd Anrhydeddus ar y pryd, a hithau'n cyrraedd ei 90 oed. Roedd yn *rhaid* trefnu 'parti syrpréis'!

Y cam cyntaf oedd gofyn i Mair Penri gydweithio â mi i lunio rhaglen a fyddai'n deyrnged deilwng i un a wnaeth gyfraniad amhrisiadwy i Ferched y Wawr ac i Gymreictod. Yna, ym mis Ebrill, daeth aelodau o'r mudiad o bob rhan o Gymru ynghyd yn y Bala i longyfarch a dymuno'n dda i'n Llywydd Anrhydeddus.

Cawsom eitemau llefaru gan Rhianedd y Cwm (parti llefaru a sefydlwyd gan Marged) a Ross Rhodes (dysgwraig a hyfforddwyd ganddi ac a gynrychiolai'r holl ddysgwyr a gafodd ei hanogaeth a'i chefnogaeth).

Roedd yn rhaid cael teyrnged i gyfraniad Marged i Ferched y Wawr, wrth gwrs, a phwy'n well i'w chyflwyno na Sylwen Lloyd Davies, un o sylfaenwyr y mudiad ac un a gydweithiodd â hi droeon ers y dyddiau cynnar.

Teyrngedau cerddorol i gyfeiliant Eirian Jones ar y delyn a gawsom gan Arfon Williams a'r triawd Penri, John Ifor ac Edward…

… Ac, wrth gwrs, roedd yn rhaid clywed peth o waith Marged ei hun. Ei merch, Eiry Palfrey, a ddarllenodd ddarn o'r nofel *Siabwcho* ac fe gyflwynodd aelodau o Gwmni Drama'r Parc ran o *Ffarwél Archentina*.

Cawsom gyfarfod cofiadwy ac iddo naws gynnes, deuluol

a bu'n fraint cael ei drefnu. Do, cafodd Marged syrpréis go iawn – ond gwerthfawrogai'r deyrnged o waelod calon.

Gwyneth Morus Jones
Llywydd Cenedlaethol 2002–2004

Ar dy feic

YN FY NGHYFNOD i fel Llywydd Cenedlaethol roedd pwyslais mawr ar weithio yn y cymunedau drwy gryfhau'r canghennau a'r rhanbarthau a chael aelodau i drefnu gweithgareddau, creu hwyl a chreu ymwybyddiaeth rhwng cymuned a chymuned – yn y De a'r Gogledd.

Un digwyddiad neu weithgaredd sy'n cwmpasu'r pethau hyn i gyd, ac a adawodd argraff barhaol arna i yn bersonol, oedd y daith feiciau noddedig a gynhaliwyd ym mis Mai 2005. Dyma enghraifft berffaith o gydweithio a chyd-rannu profiadau i gefnogi achos arbennig.

Tair o ferched dewr Pen Llŷn a fentrodd feicio o'r Gogledd i'r De a hynny mewn chwe niwrnod. Dechreuodd y daith ym Mhorthaethwy, sir Fôn, ddydd Llun Gŵyl y Banc gan orffen yn fuddugoliaethus mewn derbyniad brwd ar faes Eisteddfod yr Urdd ym Mae Caerdydd ar y Sadwrn olaf.

Cafodd Elsie Roberts, Meryl Davies ac Einir Wyn groeso mawr ym mhob pentref a thref gan gannoedd o aelodau a wnaeth baratoi llety a lluniaeth iddynt ar y ffordd, a hyd yn oed reparo ambell byncshyr! Fe greodd y daith gyffro heintus a rhoi hwb iachus i'r mudiad.

Casglwyd dros £10,000 a chyflwynwyd £7,000 i Diabetes UK Cymru – ymdrech i ymfalchïo ynddi.

Glenys Thomas
Llywydd Cenedlaethol 2004–2006

Sbardun i siarad Cymraeg

DOES RYFEDD BOD Is-bwyllgor y Dysgwyr yn un o'r is-bwyllgorau cyntaf i'w sefydlu ym mlynyddoedd cyntaf y mudiad â chymaint o sôn am sut roedd y canghennau'n helpu merched oedd am ddysgu ac ymarfer eu Cymraeg. Gwelwyd y diddordeb yn amlwg ar ddalennau cylchgrawn *Y Wawr*, a chydag erthyglau yn rhifyn Hydref 1970, ac eto yn 1971, am 'Helpu'r Dysgwyr' doedd dim syndod i'r Cyngor Cenedlaethol ar 4 Tachwedd 1972 roi sêl eu bendith i'r syniad o ffurfio is-bwyllgor y dysgwyr. Y cynllunydd Annette Thomas o Glydach gafodd y gwaith o '[g]asglu enwau merched a fyddai'n fodlon gwahodd dysgwyr i'w cartrefi i ymarfer yr iaith Gymraeg ac i drefnu Cynllun Cenedlaethol i'r pwrpas drwy gael swyddog cyswllt ymhob sir'.

Felly gellir dweud i weithgareddau mudiad Merched y Wawr a dosbarthiadau i'r rhai sy'n dysgu Cymraeg fynd law yn llaw ers y 1970au. Roedd yn gyfnod o fwrlwm ac arbrofi ac roedd gwragedd oedd yn mynychu dosbarthiadau dysgu Cymraeg yn ymuno â Merched y Wawr er mwyn cael cyfle i siarad a gloywi eu hiaith. Cadarnheir hyn trwy eiriau Dan Lyn James, Trefnydd Iaith Ceredigion a Threfnydd y Cwrs Carlam yn Aberystwyth, yn ei erthygl yn rhifyn Hydref 1971 o'r *Wawr*. Dywed bod 'Merched y Wawr yn effro i'r deffroad iaith ymhlith dysgwyr o oedolion yng Nghymru heddiw'.

O'r De i'r Gogledd, o'r Dwyrain i'r Gorllewin cafwyd

adroddiadau am yr amrywiol weithgareddau – o ddawnsio gwerin i actio dramâu byrion, canu penillion, nosweithiau llawen a gemau geiriau. Heb anghofio'r siarad a'r sgwrsio dros sawl paned o de neu goffi a blasu'r teisennau cri a'r bara brith! Bu arbrofi hefyd a chynhaliwyd cynllun diddorol yn Aberystwyth ar ddechrau'r 1970au sef 'Cymraeg ar y ffôn' gydag aelodau Merched y Wawr yn sgwrsio â dysgwyr ar y ffôn.

Yn y cyfnod hwn hefyd, o dan arweinyddiaeth Marged Lloyd Jones a fu'n Llywydd Anrhydeddus, crëwyd Cynllun Dysgwyr Merched y Wawr oedd i redeg mewn cydweithrediad â chynllun yr Urdd. Yn ystod haf 1973 croesawyd nifer o ddysgwyr i gartrefi aelodau Merched y Wawr. Byddai'r dysgwyr yn eu tro yn talu £1 y dydd am gael aros ar yr aelwydydd Cymraeg hyn. Fe wnaeth tua 80 o aelodau Merched y Wawr addo agor eu cartrefi ond ni fu cymaint o ymateb o ochr y dysgwyr; serch hynny, bu'r cynllun yn gweithredu'n llwyddiannus mewn sawl ardal.

Yn rhifyn Gwanwyn 1982 o'r *Wawr* gwelir erthygl ddiddorol iawn am y bathodyn 'Cyfaill y Dysgwyr', syniad o eiddo Dan Lyn James. Cydiodd sawl mudiad Cymraeg yn y bathodyn: arwydd o'u hymgais i uno dysgwyr â Chymry Cymraeg yn gylch crwn ble bynnag y byddai yna bobl oedd yn awyddus i ymarfer, i ymdoddi i'r gymdeithas leol a mabwysiadu'r iaith a'r pethe.

Cyhoeddodd Merched y Wawr lyfr canllawiau i ddysgwyr, sef *Sbardun Siarad*, a hwn fu'r sbardun i drefnu cyrsiau yn enw'r mudiad. Ym mis Gorffennaf 1983, trefnodd Marged Lloyd Jones gwrs wythnos llwyddiannus iawn ar gyfer dysgwyr yn y Bala. Daeth dros ddeugain o bobl ynghyd o bob rhan o Gymru a Lloegr ac un o'r America. Yn ogystal â chael gwersi roedd y dysgwyr yn cael aros mewn cartrefi Cymraeg ac yn cael cyfle i fyw am wythnos mewn ardal Gymreig.

Bwriwyd ymlaen â chynllun uchelgeisiol i drefnu cwrs yn Wrecsam ym mis Gorffennaf 1985. Y bwriad oedd cynnig llety i ddysgwyr yng nghartrefi'r aelodau. Yn ystod y dydd byddent yn mynychu amrywiaeth o weithgareddau a byddent yn cael cyfle i gymdeithasu trwy gyfrwng y Gymraeg gyda'r hwyr. Y gobaith oedd sefydlu rhwydwaith o ddosbarthiadau 'Gwers a Sgwrs' ar wahanol lefelau. Er y bu'r cyrsiau yn y Bala'n llwyddiannus iawn am gyfnod, ni chynhaliwyd cwrs yn Wrecsam oherwydd diffyg cefnogaeth.

Ni ddigalonnwyd ac aed ati i drefnu Ysgol Undydd yn 1986. Ac fe welir ffrwyth y syniadau a blannwyd gan Ferched y Wawr hyd heddiw trwy weithgareddau tebyg i'r uchod, megis yr Ysgol Undydd, Sadwrn Siarad, Ysgol Ionawr, Ysgol Basg, Ysgol Haf ac yn y blaen, sy'n cael eu cynnal bellach o dan adain Prifysgol Aberystwyth.

Pan ddaeth Eirlys Davies, Trefdraeth, yn Llywydd Cenedlaethol yn 1984 ei phrosiect oedd agor cronfa i gasglu arian er mwyn noddi tŷ yn Nant Gwrtheyrn, sef y pentref i ddysgwyr. Casglwyd miloedd er mwyn gwireddu'r freuddwyd ac ym mis Mai 1987 agorwyd Porth y Wawr. Roedd y tŷ hefyd wedi'i addasu ar gyfer yr anabl – cyfraniad a ddaeth oddi wrth Is-bwyllgor yr Anabl Merched y Wawr – a bu aelodau o'r Is-bwyllgor Celf a Chrefft yn paratoi llenni a chlustogau.

Heddiw mae MyW yn falch o allu cefnogi Cystadleuaeth Dysgwr y Flwyddyn, cystadleuaeth a drefnir gan yr Eisteddfod Genedlaethol. Mae'r gystadleuaeth yn gyfle i ddathlu cyfraniad dysgwyr i'r iaith, i'n cymunedau ac i Gymru gyfan trwy ddarganfod unigolyn sydd wedi disgleirio wrth ddysgu Cymraeg. Fel mudiad rydym yn ymfalchïo yn y ffaith fod nifer o'r cystadleuwyr a'r enillwyr yn aelodau o Ferched y Wawr. Bydd y pedwar ymgeisydd sy'n cyrraedd y brig yn derbyn rhodd gan y mudiad. Os mai merch sy'n fuddugol bydd yn derbyn aelodaeth blwyddyn i gangen o Ferched y Wawr yn rhad ac am ddim. Mae hon yn gystadleuaeth bwysig iawn, nid yn unig er mwyn codi proffil a dathlu cyfraniad dysgwyr ond hefyd fel ffordd o ddatblygu hunanhyder unigolion sy'n dysgu Cymraeg.

Dros gyfnod o ddeugain mlynedd mae'r *Wawr* wedi cynnwys nifer o erthyglau sy'n sôn am ddysgwyr disglair. Cafwyd hefyd golofnau penodol ar gyfer dysgwyr e.e. tudalen Croesi'r Bont neu Gornel y Dysgwyr.

Yn ystod diwedd y 1990au cyfunwyd Is-bwyllgor yr Anabl ac Is-bwyllgor y Dysgwyr ac fe'i hadnabyddir erbyn hyn fel yr Is-bwyllgor Iaith a Gofal. Un o gyfrifoldebau'r is-bwyllgor yma yw trefnu cystadleuaeth i ddysgwyr ar gyfer ein Gŵyl Haf. Cynigir cystadlaethau ar dair lefel ac, ar hyd y blynyddoedd, maent wedi cynnwys amrywiaeth o destunau fel stori fer, llythyr diolch, croesair, poster neu gerdyn post. Mae'r cystadlaethau yn agored i bawb sy'n dysgu Cymraeg fel ail iaith ac mae'r buddugwyr yn derbyn tocyn llyfr a Thlws yr Ŵyl. Os mai merch sy'n fuddugol, bydd yn derbyn aelodaeth blwyddyn o Ferched y Wawr.

Wrth lunio eu rhaglen flynyddol bydd bron pob cangen yn neilltuo noson ar gyfer gwahodd y gwŷr a'r gwragedd sy'n dysgu Cymraeg yn yr ardal a bydd cyfle i gael sgwrs a thipyn o hwyl. Mae rhai rhanbarthau yn cynnal gweithgareddau i ddysgwyr e.e. Sadyrnau Siarad, noson o gemau neu daith gerdded – gweithgaredd fydd yn rhoi cyfle i ymlacio a mwynhau wrth hyrwyddo defnydd o'r iaith Gymraeg ar yr un pryd. Braf oedd gweld aelodau o ddosbarthiadau Cymraeg ail iaith yn cymryd rhan yn y derbyniad yn dilyn fy seremoni urddo yn Llywydd Cenedlaethol yn Eisteddfod Genedlaethol Abertawe 2006.

Gosodwyd sylfeini cadarn o'r cychwyn cyntaf ac mae'n bleser nodi bod y dysgwyr, llawer ohonynt, wedi croesi'r bont erbyn heddiw ac yn aelodau gwerthfawr iawn o Ferched y Wawr a Chlybiau Gwawr.

Mary Price
Llywydd Cenedlaethol 2006–2008

Cymraeg a chyffro y Clwb Gwawr

MAE HI'N WYTH o'r gloch ar nos Lun gyffredin. Ond nid noson gyffredin mohoni. Rwy newydd ladd Marsha Mellow. Ydw, rydw i, Julia Hawkins o'r Fenni, yn llofrudd. Ond peidiwch â phoeni, dydw i ddim yn ysgrifennu'r hanes hwn o'r carchar ar ôl dod â gwarth am ben mudiad Merched y Wawr. Mae pawb a fu yn fy nghwmni yn ocê, wir, ar ôl gwydraid bach o win – ac mae hynny'n cynnwys Marsha Mellow druan. Chi'n gweld, llofrudd mewn gêm *murder mystery* ddigri iawn o'n i. Ac ie, dyma'r math o nosweithiau y mae Clybiau Gwawr fel Clwb y Fenni yn eu trefnu. Ac rwy wrth fy modd, nid am fy mod yn cael chwarae bod yn llofrudd, ond am fy mod yn cael cyfle i wneud hynny trwy gyfrwng y Gymraeg.

Mae pob un sydd o ddifri am ddysgu'r Gymraeg wastad yn chwilio am leoedd i ymarfer yr iaith. Fel mam i blant bach, roedd yn hawdd i fi, er fy mod yn byw mewn 'ardal ddi-Gymraeg'. Ro'n i'n cwrdd â rhieni eraill oedd yn siarad neu'n dysgu Cymraeg mewn cylchoedd Ti a Fi (cylchoedd rhieni a babanod) a thrwy Gylch Meithrin y Fenni hefyd. Felly, roedd rhwydwaith bach Cymraeg gen i'n barod. Ond weithiau ro'n i dipyn bach yn rhwystredig achos fy mod bron bob amser yn troi i'r Saesneg i fod yn gyfeillgar â ffrindiau eraill sydd ddim yn siarad Cymraeg.

Felly, pan ddaeth cynrychiolwyr Merched y Wawr â Chlwb Gwawr i'r Fenni dair blynedd yn ôl i weld a oedd yna ddiddordeb mewn dechrau clwb yn yr ardal, ro'n i a dwy ffrind arall, Eleri Hoddar ac Eleri Morley, yn bendant mai 'Oes!' oedd yr ateb.

Roedd y clwb yn gweithio'n dda'n syth: roedd grŵp bach ohonom â phlant bach eisoes yn adnabod ein gilydd ac felly ro'n ni'n gallu ymlacio a mwynhau ein hunain o'r dechrau. Ond mae manteision mawr mewn sefydlu clwb ffurfiol: rydym i gyd wedi denu menywod eraill i'r clwb – menywod heb blant neu sydd â phlant hŷn oedd yn mynd i ysgol uwchradd, er enghraifft, ac felly rydym wedi cwrdd â menywod newydd o'r ardal sy'n siarad Cymraeg. Mae oedran yr aelodau'n amrywio o 28 i 66. Mae dwy aelod gennym sy'n aelodau o Ferched y Wawr hefyd ac, a dweud y gwir, nhw yw'r aelodau mwyaf bywiog ar adegau (achos nad oes plant bach ganddyn nhw, efallai!). Mae'r rhwydwaith wedi tyfu ac i fi, fel dysgwr mewn ardal ddi-Gymraeg, mae'n help mawr achos mae mwy o ffrindiau Cymraeg gen i nawr! Fel arfer mae rhwng 12 a 15 aelod yn y clwb (mae pedair Eleri nawr!), rydym yn cwrdd unwaith y mis ac mae'n rhaid i mi ddweud ein bod yn "joio mas draw" fel mae fy mab yn dweud.

Ar y dechrau, pan ddaeth Ruth Morgan, y Swyddog Datblygu Clybiau Gwawr, i siarad yn ein cyfarfod cyntaf ro'n i'n amheus iawn o'r syniad o amserlen ffurfiol gyda gweithgareddau gwahanol trwy'r flwyddyn. Roedd efeilliaid 1 oed gen i a mab 5 oed hefyd ac ro'n i'n flinedig dros ben. A dweud y gwir, yr unig beth ro'n i eisiau oedd mynd mas am bryd o fwyd gyda ffrindiau ac ymlacio. Ond mae'n rhaid i fi gyfaddef bod Ruth yn hollol iawn: os ydych chi'n teimlo'n flinedig mae'n hawdd penderfynu peidio â mynd mas am bryd o fwyd ond os ydych chi wedi cynllunio i wneud rhywbeth arbennig, dy'ch chi ddim yn tynnu 'nôl. Ac rydym wedi gwneud llawer o bethau gwahanol fel grŵp.

Fe gawsom 'noswaith sgi Wii' gyda *vin chaud* a bwyd o'r Alpau, ble roedden ni i gyd yn ceisio sgio a sgi-neidio ar y Wii. Roedd e'n llawer o hwyl a doedd neb yn gallu deall pam na chafodd y llun ohonom ni i gyd yn sgio ar yr un pryd ei gyhoeddi yng nghylchgrawn *Y Wawr*. Efallai nad oedden nhw'n hoffi ein capsiwn ni – *'synchronised Wiiing'*.

Roedd yna noson blasu gwin yn nhŷ un o'r aelodau (ond a dweud y gwir nid blas ar win ond noson yfed gwin oedd hi go iawn). Wedyn cafwyd noson blasu siocled yn nhŷ rhywun arall (ie... yr un peth ddigwyddodd!). Cawsom noswaith i ddysgu pa liwiau oedd yn addas i ni ac roedd yn rhaid i un person ddisgrifio un arall fel anifail a char er mwyn i'r lleill ddyfalu pwy oedd hi. Doedd hi ddim yn rhy anodd dyfalu pwy oedd y *'meerkat* yn gyrru Land Rover' (Eleri Morley) neu y 'ceffyl rasio yn gyrru Bentley' (Eleri Rosier) ond roedd 'yr afanc yn gyrru Volvo' (Eleri Tyler) dipyn bach yn fwy anodd! Weithiau rydym yn cwrdd â grwpiau eraill e.e. Merched y Wawr y Fenni am ginio Nadolig a Chlwb Gwawr Llanfair ym Muallt am bryd o fwyd unwaith y flwyddyn.

Mae ein nosweithiau'n amrywio'n fawr: 'noswaith ymlacio' gyda *margaritas*, bwyd Mecsicanaidd ac adweitheg (*reflexology*), helfa drysor, blasu gwin mewn gwinllan Gymraeg leol, noson *tapas* yr un wythnos â Gŵyl Fwyd y Fenni, gwersi Ffrangeg a Sbaeneg, bowlio deg, taith gerdded, cinio Dydd Gŵyl Dewi, sgwrs gydag awdures leol ac ati. Mae'r rhestr yn hir ond mae un peth sydd byth yn newid – rydym wastad yn mwynhau, ac fel arfer rydym yn sgrechian chwerthin erbyn y diwedd. Gall hyd yn oed pryd o fwyd syml fod yn llawer o hwyl: mae'r clwb wedi treulio dwy awr o leiaf, dros un pryd o fwyd, yn trio helpu un o'r aelodau beichiog, Carys Glyn, i ddewis enw i'w babi. Roedden ni'n cynnig pob enw Cymraeg rydych chi'n gallu dychmygu, a chwerthin trwy'r amser am rai o'r enwau mwyaf rhyfedd. Ac yn y pen draw ddefnyddiodd hi ddim un o'r enwau! (Ar ôl darllen 'nôl dros y paragraff hwn, gallaf weld ei bod hi'n ymddangos fel petaen ni'n yfed alcohol bob tro, ond dydyn ni ddim! Rydyn ni'n dod o'r ardal o amgylch y Fenni ac mae'n rhaid i'r rhan fwyaf ohonom yrru bob mis, ond dydy hyn ddim yn ein cadw rhag cael hwyl a sbri.)

Wrth gwrs, fel dysgwr, dwi ddim yn deall popeth bob amser (dydy hi ddim yn helpu bod hanner y clwb yn 'Gogs'!) ac weithiau dydy'r aelodau eraill ddim yn fy neall i chwaith, ond dim ots am hynny – rwy'n rhy brysur yn mwynhau fy hunan i boeni. Mae'r Clwb Gwawr wedi rhoi'r cyfle unigryw i mi gymdeithasu'n hollol naturiol yn Gymraeg – rhywbeth eithaf arbennig yn ardal y Fenni. Ac rwy'n dysgu rhywbeth newydd am yr iaith neu air newydd bob tro. (Doeddwn i ddim yn gyfarwydd â'r gair *llofrudd* cyn y noson *murder mystery*!) Rwy'n hollol gyfforddus yn siarad yr iaith a chredaf ei bod hi'n bwysig i ddysgwyr deimlo'n gyfforddus cyn ymuno â rhywbeth fel Clwb Gwawr neu gangen o Ferched y Wawr. Ond dydy hynny ddim yn golygu bod yn rhaid bod yn rhugl, a gall bod yn aelod o glwb eu helpu i symud i'r cam nesaf.

Dydw i ddim yn gallu siarad Cymraeg yn rhugl o gwbl – dwi ddim wedi dysgu Cymraeg yn ffurfiol ers fy nyddiau'n astudio TGAU Cymraeg flynyddoedd yn ôl (heblaw am fynychu'r cwrs Cymraeg i'r Teulu yng Ngwersyll yr Urdd Llangrannog bob blwyddyn). Rhoddais y gorau i'r pwnc yn yr ysgol i ddilyn trywydd gwyddonol. Ond ces fy ysbrydoli gan ddwy athrawes Gymraeg pan o'n i'n ifanc (sef Carys Whelan ac Yvonne Matthews) a sylweddoli bod y Gymraeg yn iaith fyw. Felly, hyd yn oed yn ystod yr ugain mlynedd pan o'n i allan o'r wlad, ro'n i'n benderfynol y byddwn yn dod 'nôl i fagu fy mhlant yng Nghymru.

Crwydrodd Kevin, fy ngŵr, a finnau'r byd yn gweithio i'r Cyngor Prydeinig yn gwneud gwaith datblygu yn Tanzania (Dwyrain Affrica) a Vietnam. Ond yn 2001 daethom 'nôl i Gymru i ddechrau teulu a bellach rydym yn byw yng Nghrughywel gydag ein mab Ioan a'r efeilliaid, Manon ac Erin. I ddechrau, ar ôl dychwelyd, do'n i ddim yn gallu cofio unrhyw Gymraeg o gwbl ac roedd hi'n anodd mynd i wersi achos bu'n rhaid i Kevin weithio yn Llundain am y deunaw mis cyntaf. Ond wrth geisio siarad, canu a darllen i Ioan yn Gymraeg, a gwylio S4C a gwrando ar Radio Cymru, daeth yn ôl. Erbyn hyn mae'n llawer gwell na phan o'n i yn yr ysgol ac mae'r plant i gyd yn siarad Cymraeg. Mae Kevin (sy'n dod o deulu o Wyddelod) wedi dysgu'r iaith hefyd.

Yn 2010 enillais wobr Dysgwr y Flwyddyn yn Eisteddfod Genedlaethol Blaenau Gwent a Blaenau'r Cymoedd ac roedd bod yn rhan o'r gystadleuaeth yn llawer o hwyl. Cewch eich rhybuddio, wrth gyrraedd y pedwar olaf, ynglŷn â pha mor brysur fyddwch chi o ran y wasg os ydych chi'n ennill. Ac, yn wir, roedd fel bod yn 'seleb' am bythefnos! Roeddwn i (a'r plant hyd yn oed) ar y radio ac ar y teledu lawer gwaith a chawsom dipyn o hwyl! Gwnaeth Ioan, 7 oed ar y pryd, fwynhau ei hun yn enwedig. Gofynnodd ef: "Pwy oed sy raid i ti fod i gystadlu yn Nysgwr y Flwyddyn? Achos mae fy Nghymraeg i'n llawer gwell na dy Gymraeg di!"

Wedyn, dros y flwyddyn, bues i'n siarad â dysgwyr yn Llyfrgell Ganolog Caerdydd, yn helpu torri Record Byd Guinness am y wers iaith fwyaf yn y byd yn Stadiwm y Mileniwm yng Nghaerdydd ac yn siarad â grwpiau Merched y Wawr yn yr ardal – a llawer o bethau eraill! Roedd e'n brofiad anhygoel ac fe fwynheais i bob eiliad!

Fi oedd Trysorydd cyntaf Clwb Gwawr y Fenni ond pan agorais i'r cyfrif banc defnyddiais yr enw 'Clwb y Wawr y Fenni'. Roeddwn i wedi clywed yr enw 'Merched y Wawr y Fenni' ac, fel dysgwr, do'n i ddim yn deall nad Clwb y Wawr y Fenni o'n ni hefyd. Felly, am y ddwy flynedd gyntaf, bues yn esbonio i bawb y byddai'n rhaid iddyn nhw ysgrifennu sieciau i 'Clwb y Wawr y Fenni'! Chwarae teg iddyn nhw, welais i neb yn gwingo!

Mae un agwedd arall sy'n bwysig i mi: mae'r clwb wedi rhoi mynediad i mi i ddiwylliant Cymraeg. Ro'n i'n mynd i'r Eisteddfod Genedlaethol bob blwyddyn er mwyn y plant – roedden nhw'n dwlu ar y gweithgareddau i blant, y sioeau

S4C ac ati – ond doeddwn i byth yn ystyried mynd i mewn i'r Babell Binc. Ond pan ddaeth yr Eisteddfod i'n hardal ni yng Nglynebwy yn 2010 roedd Clwb Gwawr y Fenni yn rhan o gyflwyniad Merched y Wawr ar y prif lwyfan. A dweud y gwir, ein grŵp bach ni o Glwb Gwawr y Fenni oedd y grŵp mwyaf yn y cyflwyniad. Roedd hi'n anodd ffeindio'r amser i ymarfer gyda phlant a gwaith ond, fel arfer, cawsom hwyl a sbri a doedd neb yn difaru cymryd rhan. Ac roedden ni'n 'rhedeg' stondin Merched y Wawr yn yr Eisteddfod am un prynhawn hefyd (ein stondin ni enillodd wobr 'y stondin orau yn yr Eisteddfod'!) ac roedd hyn yn brofiad da hefyd. Felly, trwy'r Clwb Gwawr ces gyfle i fod yn rhan o'r Eisteddfod am y tro cyntaf.

Tua mis yn ôl, dywedodd un o'r aelodau wrtha i, "Mae'r clwb 'ma wedi bod yn beth da iawn" – ac mae'n wir. Mae'r clwb wedi bod mor llwyddiannus, mae rhai o'r gwŷr yn bygwth dechrau 'Clwb Gweddwon y Clwb Gwawr' i fynd mas ddwywaith y mis! Nawr, dyna beth yw llwyddiant!

Ar ôl ymuno â'r Clwb Gwawr roeddwn i'n ddigon lwcus i ddod o hyd i waith yn defnyddio fy Nghymraeg a hynny fel gweinyddwraig ar Gynllun yr Iaith ym Mhatagonia i'r Cyngor Prydeinig (wedi fy lleoli yng Nghymru yn hytrach na'r Wladfa, yn anffodus!). Ar un adeg, meddyliais y byddai'n fendigedig gwella fy Nghymraeg a dysgu sut i fod yn diwtor Cymraeg yng Nghymru ac efallai mynd allan i'r Wladfa i ddysgu ar ôl i'r plant adael cartref. Ond mae'r cynllun wedi datblygu cymaint ar y sefyllfa ieithyddol yn y wlad honno nes bod digon o diwtoriaid lleol ganddyn nhw'n barod. Maen nhw'n chwilio am diwtoriaid profiadol iawn, iawn nawr er mwyn datblygu'r tiwtoriaid lleol, felly does dim lle i fi! Ond rwy'n benderfynol o ymweld â'r Wladfa ar wyliau gyda fy mhlant yn y dyfodol.

Bu'n rhaid i mi adael y swydd fel rhan o doriadau o fewn y Cyngor Prydeinig a dwi ddim yn gweithio ar hyn o bryd. Rwy wedi cael sawl cynnig (i gyd i weithio yn Gymraeg!)

ond yn gyntaf rwy eisiau amser i roi trefn ar y tŷ, yr ardd a'r ochr ariannol. Bu bywyd yn eithaf prysur ers cael y plant ac mae popeth yn llanast llwyr! Ond mae un peth yn sicr, pan fydda i eisiau mynd 'nôl i'r gwaith, bydda i'n ceisio gweithio yn Gymraeg a bydd gwella fy Nghymraeg trwy Ferched y Wawr yn fy helpu i wneud hynny.

Julia Hawkins
Aelod o Glwb Gwawr y Fenni

Menter y Wawr

UGAIN O DUDALENNAU wedi'u llun-gopïo – dyna a wnaeth i mi sylweddoli o'r newydd gymaint o ryfeddod yw cylchgrawn *Y Wawr*. Ar y dudalen gyntaf o'r ugain mae golygfa o bentre'r Parc gyda bathodyn Merched y Wawr yn glir a hyderus yn y canol. Uwch eu pennau mae'r geiriau hanesyddol:

> Cylchgrawn MERCHED Y WAWR
> Rhifyn 1

Rhifyn cynta'r *Wawr* – dyna yw'r llun-gopi sydd gen i yn fy llaw, ac rwy'n falch mai llun-gopi ydyw yn hytrach na'r cylchgrawn go iawn. Dyma i chi pam.

Awst 1968 oedd dyddiad cyhoeddi'r rhifyn cyntaf hwn. Ym mis Awst 1968 roedd mudiad Merched y Wawr yn dathlu ei ben-blwydd yn flwydd oed. Pa anrheg well i ddangos hyder a ffydd yn y dyfodol na chylchgrawn, meddech chi? Ond nid dyna ymateb sawl un o gefnogwyr mwyaf brwd y mudiad.

"Ni all Cymru fforddio methiant" oedd rhybudd taer un cyhoeddwr, gan ofni y byddai'r cylchgrawn newydd yn mynd i'r gwellt. Onid oedd y cylchgrawn *Hon*, er mor ddeniadol, wedi diflannu o'r silffoedd ar ôl byr amser? Roedd y golofn i ferched ym mhapur newydd *Y Cymro* hefyd wedi dirwyn i ben. Os oedd y rhain wedi methu, sut gallai criw bach Merched y Wawr lwyddo?

"Pwyllwch!" "Peidiwch â mentro!" Ar ôl derbyn y fath gyngor, 'sdim rhyfedd i Gynhadledd Genedlaethol y mudiad ddatgan ym mis Rhagfyr 1967 'nad doeth dod i benderfyniad terfynol ar hyn o bryd ar fater cyhoeddi cylchgrawn. Doethach aros nes bod Merched y Wawr wedi ymgryfhau er mwyn sicrhau fod gennym ddigon o ferched i olygu a chyfrannu.'

Arhoson nhw ddim yn hir chwaith. O fewn ychydig fisoedd roedd y penderfyniad wedi'i wneud. Oedd, roedd ganddyn nhw ddigon o ferched i olygu a chyfrannu. Roedden nhw'n mynd i fwrw ati ar eu liwt eu hunain. Er gwaetha'r rhybuddion, roedden nhw'n mynd i gyhoeddi'r *Wawr*.

Yn ystod haf 1968 argraffwyd mil o gopïau o'r *Wawr* gan Wasg y Sir yn y Bala. Dyma neges y golygyddion ar y dudalen gyntaf: 'Ffyddiog ydym mai cynyddu a wna Merched y Wawr, a gallwn yn hyderus felly ddisgwyl mai byw fydd y cylchgrawn.' Er mor heriol yw'r geiriau, mae'n siŵr fod stumogau'n corddi wrth eu sgrifennu. Doedd pris *Y Wawr* ddim yn gynwysedig yn y tâl aelodaeth fel y mae nawr, felly i gwrdd â'r gost o argraffu'r cylchgrawn roedd hi'n hanfodol gwerthu pob copi. A oedd 'na fil o ferched yng Nghymru oedd yn barod i brynu?

'Oedd' oedd yr ateb pendant. Er mai dim ond 46 o ganghennau oedd gan Ferched y Wawr bryd hynny – ac er fod y rheiny bron i gyd yn y Gogledd, a'r Eisteddfod Genedlaethol yn y De'r flwyddyn honno – fe werthwyd pob copi o fewn wythnos. Dyna pam rwy mor falch o'r llun-gopi sydd gen i yn fy llaw. Mae'r llun-gopi'n brawf o lwyddiant ysgubol. Gan fod y rhifyn wedi gwerthu i gyd, mae'r copïau go iawn yn brin.

Yn ôl yn 1968, roedden nhw yr un mor brin ag ydyn nhw nawr. Erbyn i lyfrgelloedd fynd ati i archebu'r *Wawr*, roedd y rhifyn cyntaf wedi gwerthu i gyd a'r ail hefyd. Bu'n rhaid i lyfrgellydd Llyfrgell Ganolog Caerdydd fenthyca unig gopïau'r golygydd Zonia Bowen, ac yna wneud dau gopi Xerox o bob rhifyn – un i'r llyfrgell ac un i'r mudiad – cyn eu hanfon yn ôl ati.

'Bu'r galw yn fwy o lawer na'n disgwyliadau' oedd neges falch y golygyddion yn rhifyn 2. Argraffwyd 1,500 copi o'r rhifyn hwnnw, ac o rifyn i rifyn fe dyfodd yr archebion fel caseg eira. Erbyn 1973 roedd y gwerthiant wedi cyrraedd 5,000, ac fe ddaliodd ati i gynyddu'n rheolaidd am flynyddoedd wedyn, gyda phedwar rhifyn yn cael eu cynhyrchu bob blwyddyn.

O'r cychwyn roedd y swyddogion wedi sylweddoli bod yn rhaid i'r mudiad a'i gylchgrawn gerdded ymlaen law yn llaw. 'Ni all mudiad gynyddu heb gylchgrawn ac ni all cylchgrawn Cymraeg i ferched fyw heb fudiad tu cefn iddo' oedd y datganiad yn y golofn olygyddol gyntaf. Os mai babi blwydd oedd Merched y Wawr ym mis Awst 1968, *Y Wawr* yw'r albwm sy'n cofnodi tyfiant rhyfeddol y babi hwnnw. Ym mis Awst 1968, 46 o ganghennau oedd, a 38 o'r rheiny yn y Gogledd. Erbyn rhifyn 15 roedd y nifer wedi cynyddu i 136, gan gynnwys 46 yn y De. Drwy dudalennau'r *Wawr* mae'r mudiad yn ymestyn at aelodau a darpar-aelodau ledled Cymru, a hyd yn oed yn Sydney, Awstralia.

"Chi biau'r cylchgrawn," pwysleisia'r golygydd mewn datganiad a ddarllenwyd ym mhob cangen. "Mae ei gynnwys yn dibynnu ar eich diddordebau, eich chwaeth a'ch cyfraniadau. Gwahoddwn bob un ohonoch i sgrifennu iddo." O dipyn i beth fe gyrhaeddodd cerddi, erthyglau, llythyrau ac adroddiadau oddi wrth yr aelodau, er nid digon i lenwi'r cylchgrawn bob tro, mae'n wir. Serch hynny, rhaid bod sylw fel hwn gan wraig fferm o sir Benfro wedi rhoi hwb arbennig i'r criw golygyddol. Mewn llythyr sy'n cynnwys adroddiad ar weithgareddau ei changen, mae'r awdur yn cydnabod yn swil fod sawl un yn yr ardal a allai ysgrifennu'n fwy cywir na hi. 'Ond,' meddai, 'teimlaf mai ffolineb fyddai colli'r cyfle hyn o ddysgu, canys gobeithiaf mae efo ymarfer y daw gwelliant. Gan ddiolch o galon am i ferched "Y Parc" roi cyfle i ferched fel fi ymarfer ei Gymraeg trwy siarad a ysgrifennu.'

Yn 1968, cymuned fach glòs oedd Merched y Wawr, ac mae naws y gymuned i'w theimlo yn y rhifynnau cychwynnol. Bum mlynedd cyn i'r papur bro cyntaf ymddangos, roedd *Y Wawr* yn paratoi'r ffordd. Roedd yna adroddiadau cynhwysfawr oddi wrth ganghennau a chyfle i gydymdeimlo yn ogystal â llongyfarch. Yn rhifyn 12 cyflwynwyd colofn enedigaethau – tri babi newydd, a'r tri wedi'u geni yn y Parc.

Fel y sylweddolodd y golygyddion, mae'n siŵr, anodd cynnal colofn enedigaethau mewn cylchgrawn sydd ond yn ymddangos yn chwarterol. Anodd cynnal colofn lythyrau am yr un rheswm, yn enwedig os yw'r llythyrwraig yn disgwyl ymateb. Serch hynny, fe dderbyniwyd nifer o lythyrau ar y cychwyn, rhai'n canmol, rhai'n cwyno, rhai'n gofyn am arweiniad. Poeni bod ei gŵr yn diflasu arni yr oedd y 'Wraig Bryderus' ganol oed yn rhifyn 10. Erbyn y rhifyn nesaf roedd ei phroblemau wedi denu llond tudalen o gyngor doeth.

Cylchgrawn 'cartrefol' ei naws oedd *Y Wawr* – dyna benderfyniad y Pwyllgor Gwaith wrth fynd ati i baratoi'r rhifyn cyntaf. Yn 1968 roedd ton o ffeministiaeth yn sgubo drwy wledydd y Gorllewin. Fis ar ôl cyhoeddi'r *Wawr* cyntaf byddai merched yr Unol Daleithiau'n protestio'n erbyn pasiant Miss America drwy daflu eu bras i'r bin. Wrth edrych ar rifynnau cyntaf y cylchgrawn a'u pwyslais ar greffftau gwraig tŷ, hawdd meddwl bod *Y Wawr* ar ei hôl hi. Ond twyll fyddai hynny. Roedd *Y Wawr* hefyd yn ymgyrchu, er fod natur yr ymgyrch yn wahanol. Dyma'r golygydd cyntaf, Zonia Bowen, yn galw merched Cymru i'r gad yn Eisteddfod Genedlaethol y Barri 1968: "Ofer disgwyl i rywrai o'r tu allan wneud pethau drosom. Os ydym am lyfrau coginio, patrymau gwau a chylchgronau yn ein hiaith ein hunain rhaid i ferched Cymru fynd ati eu hunain i'w gwneud."

Mewn cyfnod pan oedd ysgolion Cymraeg yn brin, a phan nad oedd darpariaeth mor eang o ddeunydd darllen yn yr iaith, fe aeth *Y Wawr* ati i lenwi bylchau. Pwy sy'n cofio brawddeg fel hon yn rhifyn 2: '2ch.g., t.g.d., de i'r p. olaf'? I chi sy'n anghyfarwydd â thrin gweill, dyma'r frawddeg yn llawn: '2 o chwith gyda'i gilydd, trwy gefn dolennau, o dde i'r pwyth olaf'. Gall cyfieithu patrwm gwau fod mor arloesol â chwifio bra.

Prawf i'r cogyddion y tro hwn. Pwy sy'n cofio pob un o'r termau hyn: 'coes las, gwlych, lwlen, asen frag, ysbáwd, plicion, isgell'? Yn archif *Y Wawr* yn y Llyfrgell Genedlaethol mae yna lythyr oddi wrth Dr Kate Roberts. Ynddo, yn ogystal â chynnig stori gyfres i'r *Wawr*, mae hi'n crybwyll y casgliad o dermau bwyd sydd ganddi yn ei meddiant. Mae'n awyddus i bob cyfrannwr eu defnyddio, ond sut mae cyfleu'r neges 'heb frifo rhywun'? Yr ateb yw cynnwys colofn yng nghornel tudalen ac, yn hytrach na gwthio'r termau ar y darllenwyr, eu cyflwyno'n dawel bach, rhyw bymtheg ar y tro o rifyn i rifyn. *Shin beef, gravy, kidney, spare-rib, shoulder, giblets, stock* yw'r Saesneg ar gyfer y geiriau uchod. Tybed a yw cyn-ddisgyblion Ysgol Ramadeg Dechnegol Pontllan-fraith yn eu cofio? Fe archebodd yr ysgol rifynnau o'r cylchgrawn yn unswydd i ddysgu'r termau bwydydd. Llwyddiant arall i'r *Wawr*!

Yr ysbryd cenhadol, brwdfrydig hwn sy'n fy nharo i wrth ddarllen rhifyn cyntaf y cylchgrawn. Ydy, mae'r diwyg yn amaturaidd o'i gymharu â'r cylchgrawn heddiw, gyda cholofnau tywyll o brint a blociau o luniau du a gwyn. Ond edrychwch ar y merched sydd yn y lluniau. Maen nhw'n ferched sy'n torri cwys. Aelodau *cyntaf* y Ganllwyd. Aelodau *cyntaf* cangen Pentir. Athrawes ysgol feithrin *newydd sbon* Merched y Wawr yn Llanfyllin. Ac er eu bod yn gwisgo *two-pieces* neu ffrogiau twt – heb ddim sôn am drywsus yn unman – mae sawl hem eisoes wedi sboncio dros y pen-glin. Wrth gyflwyno'r sgert fini bedair blynedd ynghynt, dywedasai'r Gymraes Mary Quant mai ei bwriad oedd cynllunio dilledyn fyddai'n ei gwneud hi'n haws i ferched 'redeg am y bws'. Wel, dyma i chi ferched sydd wedi neidio'n llawen ar fws

Merched y Wawr, a phwrpas eu taith yw dathlu a diogelu'r iaith Gymraeg.

Yr iaith a'i dyfodol yw prif destun y cerddi o waith yr aelodau a ymddangosodd yn y rhifyn cyntaf. Beth arall sydd yn y rhifyn hwnnw? Stori fer, erthyglau am fwydydd, iechyd, garddio, cerddoriaeth a chneifio, ynghyd â'r bennod gyntaf o wyth yn stori gyfres Kate Roberts. 'Tafarn Goffi Jên' yw enw'r stori gyfres. Cyn oes Costa a Starbucks, Cymraes bendant ei barn sy'n rheoli'r dafarn hon. Yn yr un rhifyn mae erthygl gan J Cyril Hughes – 'Merched y BBC' – sy'n ein hatgoffa pa mor anarferol oedd gweld merch mewn swydd o bwys yn 1968. Wrth groesawu cyfraniad nifer o ferched dawnus, meddai'r awdur, 'O fewn y BBC... lle y mae merch yn gwneud gwaith a wneir gan amlaf gan ddyn, does dim gwahaniaeth yn ei chyflog na'i statws.' Roedd tâl cyfartal am waith cyfartal yn bwnc llosg yn 1968, ac er ein bod ni'n hen gyfarwydd erbyn hyn â dathlu llwyddiant merched sydd wedi cyrraedd y brig yn eu gwahanol feysydd, mae'r frwydr yn parhau.

'Y mae jamio a phiclo a gwau a gwnïo yn chwarae rhan gymeradwy ym mywyd gwraig y tŷ, does neb yn gwadu, ond nid yw'r math yma o weithgareddau yn diwallu dyheadau pob gwraig nac yn defnyddio deallusrwydd a gallu a dylanwad gwragedd i'r eithaf o bell ffordd,' meddai Rhiain Phillips yn ei herthygl 'Cynghrair Merched y Bleidlais yn yr Unol Daleithiau' yn rhifyn 4. Mae'n siŵr fod sawl un o'r darllenwyr yn cytuno. Dyma rai o'r pynciau a'u hysgogodd i sgrifennu llythyrau at y golygydd yn y blynyddoedd cynnar: dirwest, heddychaeth, crefydd, moesoldeb ac orgraff y Gymraeg.

Yn ystod y 44 o flynyddoedd ers cyhoeddi rhifyn cyntaf *Y Wawr*, mae'r cylchgrawn wedi cynnwys amrywiaeth o ddeunydd o'r dwys i'r difyr, 'unrhyw bwnc a all fod yn ddiddorol' yng ngeiriau'r golygyddion. Yn 2005 fe ddaeth fy nhro innau i fod yn olygydd. Bob hyn a hyn, wrth fynd ati i baratoi rhifyn, fe fyddwn yn cael fflach o weledigaeth a byddwn yn argyhoeddedig 'mod i wedi taro ar syniad newydd sbon danlli. Ond na. Wrth fodio drwy hen rifynnau, buan iawn y sylweddolwn fod Zonia Bowen, Alwena Williams, Glenys Jones, Rebecca Powell, Mair Edwards a Janet Evans – y chwe golygydd cyntaf a fu wrth y llyw am rhwng pedair a naw mlynedd yr un – wedi troedio'r llwybr hwnnw o 'mlaen. Moeseg, trin ceir, cymdeithaseg, papuro, cadwraeth, hiwmor, ffitrwydd, teithio, y gyfraith – dros y blynyddoedd mae'r *Wawr* wedi anturio i bob math o feysydd er mwyn ein difyrru ac er mwyn ymestyn ein defnydd o'r iaith Gymraeg.

Menter gydweithredol oedd *Y Wawr* o'r cychwyn. Os mai'r golygyddion a'r swyddogion oedd yn gyfrifol am gasglu deunydd, golygu a sicrhau bod y cylchgrawn yn cael ei gludo ar fws i ddarllenwyr ledled Cymru, cyfrifoldeb yr aelodau oedd prynu a darllen. Rhifyn Hydref 1978 oedd y cyntaf i ymddangos heb bris arno, gan mai dyna pryd y penderfynwyd cynnwys *Y Wawr* yn y tâl aelodaeth. Yn y blynyddoedd cyn hynny, i sicrhau llwyddiant y cylchgrawn, roedd hi'n bwysig fod POB aelod yn barod i gefnogi. O dipyn i beth fe aeth y neges ar led, a dyma aelod o sir Gâr yn llythyru'n eiddgar yn 1970: 'Pan gychwynasom ni fel mudiad yma, caem anferth o drafferth i werthu un copi i bob aelod. Yr esgus oedd "Mi ga i weld o gen Mrs Jones" ac ati… ond maen nhw'n prynu bob i un nawr heb nogio dim.' Ac meddai'r un aelod: 'Rwy'n gwbl argyhoeddedig fod cyhoeddi'r cylchgrawn hwn a'i werthu yn un o gymwynasau gwerthfawroca'r mudiad. Mae'n cyrraedd gwragedd a theuluoedd na fu cylchgrawn Cymraeg yn eu dwylo erioed. Mae'n syndod ond mae'n wir.'

Ers y dyddiau arloesol hynny, ac oherwydd dycnwch a gweledigaeth y golygyddion a'r swyddogion cyntaf, mae'r *Wawr* wedi hen ennill ei blwyf. Prawf o hynny yw'r ffaith ei fod ers blynyddoedd bellach yn derbyn grant oddi wrth y Cyngor Llyfrau. Mae'r *Wawr* yn cyrraedd mwy o gartrefi nag unrhyw gylchgrawn Cymraeg arall. Mae'n rhan annatod o weithgareddau'r mudiad, ac fel y gwn i, ac fel y gŵyr Catrin Stevens a Rhiannon Parry, mae'r swydd olygyddol yn newid dwylo'n slic bob tair blynedd erbyn hyn. Yn gefn i bob golygydd, mae is-olygydd a threfnydd hysbysebion, ynghyd â phwyllgor llawn.

Yn sgil datblygiadau ym myd technoleg fe all testun *Y Wawr* wibio ar wasgiad botwm rhwng cyfrannwr a golygydd, dylunydd a'r wasg. Y datblygiadau hynny, ynghyd â chymorth proffesiynol, sy'n golygu bod *Y Wawr* wedi tyfu o ran lliw a llun. Serch hynny, mae un peth yn dal yr un fath o hyd.

Ein cylchgrawn ni, ferched Cymru, yw'r *Wawr*.

Bedair gwaith y flwyddyn mae Pwyllgor *Y Wawr* yn cwrdd i drafod pob rhifyn. Arno mae cynrychiolaeth o bob rhanbarth, a'r cynrychiolwyr hynny sy'n cynnig syniadau ar gyfer y cynnwys.

Felly darllenwn *Y Wawr*. Cynigiwn ein syniadau.

Cymerwn ran.

I ddyfynnu'r golofn olygyddol yn rhifyn 2: 'Mae poblogrwydd ein cylchgrawn yn mynd i ddibynnu ar ei gynnwys, ac y mae'r cynnwys yn dibynnu arnoch chi, Ferched y Wawr.'

Siân Lewis
Cyn-olygydd *Y Wawr*

Mil o leisiau menywod Cymru

RHWNG 2000 A 2002 bu aelodau Merched y Wawr ar hyd a lled Cymru yn siarad, wilia, clebran a sgwrsio'n ddi-baid! Dim byd newydd yn hynny, meddech chi. Wel, nac oes, debyg iawn. Ond y tro hwn roedd pwrpas penodol iawn i'r holl holi a siarad. Roedd y cyfan yn rhan o brosiect arloesol, wedi'i ariannu gan Gronfa Dreftadaeth y Loteri, ac ar y cyd â Choleg y Drindod, Caerfyrddin, i gofnodi hanesion llafar bywydau menywod yng Nghymru rhwng 1920 a'r 1960au. Prosiect y mileniwm ydoedd, ac i ddathlu hynny y nod oedd recordio mil o leisiau ein haelodau, sef pedwar recordiad o'r 250 cangen ym mhob rhanbarth yng Nghymru.

Byddai casgliad o hanes llafar o'r fath yn sicrhau archif hanesyddol amhrisiadwy ar gyfer pum degawd yn yr ugeinfed ganrif. Byddai'n giplun o gyfnod ar draws Cymru gyfan. Yn sicr, byddai'n helpu i wneud iawn am ddiffyg enbyd yn y ffynonellau am fywydau menywod cyffredin ar hyd y canrifoedd.

Roedd yn gynllun uchelgeisiol ac i'w redeg penodwyd dwy Swyddog Maes: Ruth Morgan yn y De a Sharon Owen yn y Gogledd. Eu tasg hwy fyddai recordio hanesion bywydau aelodau a threfnu cyrsiau i hyfforddi aelodau eraill i gyfweld ei gilydd. Bu'r profiad olaf hwn, gydag aelodau hŷn yn rhannu'u hanesion gydag aelodau iau o fewn cangen, ac yn dysgu bod yn haneswyr eu hunain, yn agoriad llygad i'r naill genhedlaeth a'r llall. Yn wir, bu rhyw gant a hanner o aelodau yn holi'n ddiwyd ar y prosiect, gan wneud cyfraniad allweddol i'w lwyddiant. Cafwyd cymorth gyda'r hyfforddiant hanes llafar gan Dr Beth Thomas, Amgueddfa Werin Cymru, Sain Ffagan, ac erbyn heddiw mae'r casetiau i gyd yn ddiogel yn archif yr amgueddfa honno. Maent ar gael i ymchwilwyr, haneswyr ac aelodau'r cyhoedd. Er mwyn hwyluso defnyddio'r casetiau cofnodwyd cynnwys pob tâp, air am air ar bapur, a bellach mae adysgrifau o dair miliwn o eiriau mewn ffeiliau yn archif yr amgueddfa. Unwaith eto, y tîm o swyddogion maes ac aelodau brwdfrydig fu wrthi'n adysgrifio, dan oruchwyliaeth Meriel Davies, a ymunodd â'r prosiect i'w weinyddu.

Pa ddarlun a gafwyd felly o fywydau menywod yng Nghymru rhwng 1920 a'r 1960au? Ar y naill law, rhaid nodi pa mor unigryw oedd pob cyfweliad. Roedd bywyd pob un a recordiwyd yn ddiddorol ac yn wahanol, ac wrth i'r siaradwyr olrhain eu hanesion personol, dyna oedd yn eich taro'n gyntaf – gwerth stori'r unigolyn. Ond roedd patrymau cyffredinol yn dod i'r amlwg hefyd. Gwelwyd newid aruthrol mewn amodau byw ac yn safle'r ferch yng Nghymru rhwng dirwasgiad y 1920au a diwedd y *swinging sixties*.

Roedd gan bob siaradwraig ddigon i'w ddweud am ei haddysg neu ei diffyg addysg. Gresynai sawl un at natur yr addysg a gynigiwyd iddi. Roedd mor Seisnig, ac yn gwahaniaethu cymaint rhwng merched a bechgyn. Meddai Eurwen Bowen o Bontardawe am y 1930au: "Popeth yn Sisneg, ond un wers Gymrâg... O'n i ddim yn dda yn gwnïo. Odd 'n fam yn arfer gweud, 'Yn ni'n gallu gweld y pwythe o ben y mynydd – o ben Gellionnen.' A odd y bechgyn yn cal paentio... a lliwio... A o'n i wastad yn genfigennus o'r bechgyn."

Y *scholarship* (neu'r 11+ wedi pasio Deddf Addysg 1944) oedd y bwgan mawr, a'r stigma o fethu yn dal yn fyw yn y cof flynyddoedd yn ddiweddarach. Fel y dengys siaradwraig o Lanaelhaearn tua 1939, roedd diwrnod y *scholarship* yn "rwbath mawr yn ych bywyd chi – Odd gin i ofn mynd adra, w'chi. Ofn cywilydd deud mod i wedi methu." Profiad gwahanol gafodd Sally Evans o Bontarddulais, ond un cyffredin er hynny, gwaetha'r modd. Llwyddodd hi i basio'r arholiad, a dymunai fynd yn ei blaen i fod yn athrawes. Ond gyda naw o frodyr iau bu'n rhaid anghofio pob uchelgais a dod adre i fwydo a golchi i'r bechgyn: "a ma' hwnna… wedi bod yn pwyso arno i trwy'r amser… cheso i ddim cyfle, do fe?" gofynna.

Ar y cyfan roedd disgwyliadau yn isel i ferched a swyddi oedd yn talu'n dda yn brin. Gwasanaethu neu weini ar fferm neu mewn tŷ preifat oedd tynged llawer un. Pymtheg oed oedd Kitty Roberts o Gaernarfon pan aeth i weini i Fanceinion, ac meddai, "Doedd o ddim yn waith o'n i isho wneud ar y dechra'… ond o'n i'n gweld o'n i'n medru helpu Mam… Mynd yn athrawes – dyna fyswn i 'di licio'i wneud. 'Swn i 'di bod wrth 'y modd." Âi eraill i weithio mewn siop neu i ddysgu llaw-fer a theipio er mwyn bod yn ysgrifenyddes. Ymfalchïai Lillian Smith o Borth-y-rhyd yn fawr mai hi oedd y fenyw gyntaf i'w chyflogi gan Gyngor Sir Caerfyrddin, a hynny yn yr Adran Addysg yn 1939. "John Edward Mason oedd Cyfarwyddwr Addysg cynta' Sir Gaerfyrddin," eglurodd, "ac fe benderfynodd e ei fod e eisie merch fel *secretary. And I was the one he chose.*" Sylweddolodd yn fuan fod gwisgo'n addas o fantais: *"not fussy; clean and neat…* Ro'n i'n gwisgo mwy o siwtiau na dim byd arall, ac o'n i'n eu cael nhw o David Evans [Abertawe]." Dyna ddeall gwerth *power dressing* ymhell cyn y 1980au!

Swyddi ym maes gofal a ystyrid fwyaf addas i ferched gydol y cyfnod dan sylw, ac yn arbennig felly swydd nyrs neu athrawes gynradd (yn adran y babanod gan amlaf). Crisialodd Diana Roberts, cangen Dinbych, yr agweddau hyn: "Oedd bechgyn y Rhos yn cael eu hybu i fynd i brifysgol ond… 'chydig iawn, iawn o ferched oedd yn mynd i brifysgol… Y

genethod, wel, gaen nhw fynd yn nyrs, neu... i [swyddfeydd]
Manweb i weithio... neu gaen nhw fynd i'r Coleg Normal i
fod yn athrawes." Cofiwch, gwireddu breuddwyd oedd bod
yn athrawes i sawl siaradwraig. "Athrawes o'n i isho bod
ers erioed, erioed, erioed. Nesh i erioed feddwl am fynd yn
ddim byd arall," meddai Dilys Elizabeth Thomas, Betws-y-
coed, yn bendant.

Wrth holi, casglwyd llwyth o storïau doniol am reolau
caeth hosteli nyrsys a cholegau hyfforddi. Llywodraeth
'martinet' oedd yr unig ddisgrifiad posib o deyrnasiad yr
enwog Ellen Evans yng Ngholeg Hyfforddi'r Barri yn y
1940au, yn ôl Beti George, Ystalyfera. Roedd yn rhaid i'r
merched fod i mewn erbyn hanner awr wedi saith yn ystod
yr wythnos, ac awr yn ddiweddarach ar benwythnosau!
Does ryfedd nad yw Margaret Davies, Beulah, yn cofio gweld
unrhyw fyfyrwraig "yn mynd i dafarn nac yn smocio, ar y
slei hyd yn oed!". Mewn sawl hostel o'r fath rhoddid bariau
ar draws ffenestri ystafelloedd gwely'r merched i'w rhwystro
rhag dianc allan na derbyn dynion i mewn. Yng Ngholeg
Hyfforddi Crewe, yn ôl siaradwraig o Faelog, Ynys Môn, "os
byddan ni'n gweld dyn, fyddan ni'n gweiddi *There's a man
in hostel!*" Disgrifia Eluned Mai Porter sut y bu rhywfaint
o wrthryfela ymhlith myfyrwyr Caerdydd a Bangor ynglŷn
â rheolau caeth y colegau yn ystod y 1950au, gan ddechrau
herio'r drefn.

Bryd hynny yn Saesneg y cynhelid y cyrsiau i gyd, a
chyfaddefa Llinos Jones, Caernarfon, "'Aru ni erioed feddwl,
fel ddaru cenhedlaeth ar ein holau ni, y dylen ni frwydro
am statws y Gymraeg." Yn 1956 y dechreuwyd dysgu trwy
gyfrwng y Gymraeg yn y Coleg Normal, er enghraifft. Eto,
er gwaetha'r cyfyngu ar ddisgwyliadau, llwyddodd sawl
siaradwraig i ennill gradd prifysgol a chael swydd yn dysgu
mewn ysgol uwchradd, coleg neu brifysgol, neu fynd yn
feddyg neu'n fferyllydd. Mae'n ddiddorol nodi na bu i'r
mwyafrif a aeth yn eu blaenau fel hyn briodi. Tan yr Ail

Ryfel Byd byddai'n rhaid i athrawes ymddiswyddo pe bai'n priodi.

I lawer iawn o'r rhai a holwyd, nid cael swydd dda oedd y wir uchelgais, ond priodi a magu teulu. Casglwyd llu o atgofion diddorol am garu, priodi, geni plant a byw. Dyma'r thema fwyaf personol a droeon mae'r sylwadau yn onest a dadlennol. Sonnir am ddiffyg addysg rhyw a'r dychryn o ddarganfod y misglwyf cyntaf. "Bron nag oeddach chi ofn siarad am y peth. Odd o'n wrthun mewn ffordd, 'toedd?" medd siaradwraig o Lanrug. Difyr iawn oedd deall bod math ar ddefod ffrwythlonedd werinol yn parhau i gael ei harfer adeg cneifio ar ffermydd yn ardal y Parc, ger y Bala, mor ddiweddar â'r 1950au, yn ôl Sylwen Lloyd Davies. Disgrifia sut y câi merched a gwragedd ifanc oedd ddim wedi planta eu "taflu i mewn i'r barcloth" (y darn mawr o sach lle cedwid y gwlân), a'u hysgwyd yn dda ynddo, ond iddi hi osgoi'r fath driniaeth am ei bod yn feichiog y ddau dro y cafodd ei bygwth â'r arferiad.

Thema drist a ddaeth i'r wyneb droeon oedd beichiogi cyn priodi a'r stigma a ddeuai yn ei sgil. Cofia siaradwraig o dde Ceredigion fod cymaint o gywilydd ar ei mam ohoni pan feichiogodd yn 1945 fel na châi ddod i olwg clos y fferm rhag ofn y deuai ymwelwyr heibio. Yn hytrach, câi ei gyrru "draw i'r gweunydd i drensho", sef agor rhewyn dŵr gyda rhaw a phicas. "Na," meddai'n drist, "o'ch chi'n cal dim maldod, o'ch chi'n cal 'ch erlid." Fel bydwraig yn gwasanaethu ardal Porth Tywyn yn y 1960au, cofiai Nan Hughes gael ei galw rhyw bum gwaith y flwyddyn at famau di-briod, a hynny ar ôl iddi dywyllu rhag i unrhyw un ei gweld. Âi rhai mamau i hosteli yn Abertawe neu Gaerdydd, a'i gwaith hi, fel bydwraig, oedd trefnu hynny. Gwyddai am rai gwragedd a wnâi erthyliadau anghyfreithlon ar famau'r fro a thystiodd bydwraig arall, Olive Thomas, oedd yn gweithio yn yr un ardal, iddi glywed am famau yn yfed *gin* a chymryd bath twym, neu'n defnyddio *slippery elm* nes eu bod yn gwaedu, er mwyn erthylu baban. Ganddi hi y cafwyd un o hanesion mwyaf sobreiddiol y prosiect. Gwelsai eni baban a nam difrifol iawn arno. Clywodd y meddyg yn gofyn i'r fam a oedd hi eisiau cadw'r baban a gwrthododd hithau ef. Daliodd y meddyg y baban o dan y dŵr yn y bath i'w foddi.

Yn ardal Eglwys Lwyd, sir Benfro yn y 1960au, yn ôl Margarette Hughes, gwraig yr offeiriad lleol oedd yn helpu mamau beichiog di-briod, gan drefnu llety ar gyfer y rhai a gâi eu gwrthod gan eu teuluoedd. Bu Margarette ei hun yn llochesu sawl mam o'r fath, cyn geni'r babanod yn ysbyty Hwlffordd a'u rhoi i'w mabwysiadu. Doedd dim tâl am gymwynas o'r fath, dim ond cyfraniad at y costau byw. Tynged nifer o'r mamau di-briod hyn oedd cael eu torri allan o'r capel. Yn ystod cyfarfod diarddel o'r fath, meddai Laura Jones o Lanrwst, codai'r gweinidog neu'r blaenor ar ei draed a nodi bod hon-a-hon yn feichiog ac na fyddai'n aelod o'r capel mwyach. Y cam nesaf oedd gweld y ferch yn codi ar ei thraed ac "yn gorfod cerdded allan 'i hun bach". Gwelsai sawl siaradwraig weithredu'r gosb gyhoeddus hon, a chyfaddefodd ambell un iddi hi ei hun gael profiad personol annymunol iawn ohoni, gan deimlo'n chwerw nad oedd sôn am gosbi tad y plentyn ar yr un pryd. Ond tystiwyd yn ogystal fod sawl gweinidog caredig oedd yn casáu'r ddefod ddiraddiol hon ac a oedd yn rhoi llawer mwy o bwyslais ar yr arfer o "dderbyn y fam yn ôl" i gymdeithas glòs y capel ar ôl yr enedigaeth.

Erbyn dechrau'r 1960au roedd agweddau at ryw yn graddol newid ym mhrofiad Eirwen Jones, Llangwm, a gofiai weld copi o *Lady Chatterley's Lover* yn yr ysgol yn Ninbych. Eto, mae'n rhyfeddol cofnodi bod yn rhaid i Erinwen Johnson, a hithau'n byw yn Llundain ar y pryd, gael caniatâd ysgrifenedig ei gŵr i fynd i glinig atal cenhedlu, ac meddai'n eironig, "Diolch i Dduw ei fod o'n gallu ysgrifennu!" Ym Mlaenau Ffestiniog, canmolai

Ellen Evans weledigaeth gweinidog lleol oedd yn cynnal cyfarfodydd cynllunio teulu i gyplau oedd ar fin priodi, er gwaethaf gwawd rhai o drigolion y dref. Beth olygai hynny iddi hi? "Wel, peidio poeni, ynde?" Yn sicr, ni chyrhaeddodd y gymdeithas oddefol Gymru benbaladr tan i'r bilsen atal cenhedlu drawsnewid agweddau yn llwyr, gan sicrhau y gallai menywod reoli'u cyrff a'u ffrwythlondeb eu hunain, o ddiwedd y 1960au ymlaen.

Bu'n rhaid i lawer o'r gwragedd a holwyd garu am flynyddoedd cyn priodi. Fel y dywedodd Rachel Thomas o'r Groeslon, a fu'n canlyn ei gŵr am saith mlynedd hir cyn priodi yn 1941, "doedd ganddon ni ddim pres... doedd dim isho priodi os nad oeddach chi'n medru talu am eich petha". Y drefn arferol fyddai i'r pâr oedd newydd briodi fyw am rai blynyddoedd dan yr un to â'r teulu yng nghyfraith, ac fel y gellid disgwyl, gallai hynny greu tensiynau rhwng y cenedlaethau. Yn sicr, doedd cyd-fyw ddim yn opsiwn: "Ewch annw'l nag oedd. Nag oedd. Nag oedd. *No way.* Dwi *ddim* yn lecio hynna," tystiodd Laura Williams, Pwllheli. Daeth gwaredigaeth i rai wedi'r rhyfel yn y *"pre-fabs lovely"*, chwedl Kitty Williams, Aberteifi. "O'n i'n credu bo fi wedi cael Buckingham Palace," meddai Mareth Lewis, Llanelli, pan symudodd hi a'i gŵr i dŷ cyngor o'r diwedd.

Mae'r rhan fwyaf o'r siaradwyr yn darlunio bywyd priodasol hapus a didramgwydd. Prin yw'r sôn am ysgaru ac eithriad yw hanes dirdynnol gwraig o Gaerfyrddin a gafodd ei cham-drin gan ei gŵr a'i theulu yng nghyfraith. Ni roddai ef unrhyw arian iddi i'w wario a bu'n ei "bygwth a'i phwno". "Lawer gwaith," meddai, "gysges i yn sied ffowls." Doedd e ddim yn fodlon iddi fynd i'r cwrdd nac ar drip ysgol Sul rhag ofn y byddai'n dweud ei hanes wrth bobl eraill. Ond doedd bywyd ddim yn fêl i gyd hyd yn oed o fewn priodas hapus ychwaith. Cawn hanesion trist am golli babanod, ac am rai mamau yn dioddef iselder ôl-eni heb ddeall beth oedd o'i le na chael cymorth o gwbl. Yn sicr, caiff holl rychwant profiadau bywydau personol menywod ei adlewyrchu yn yr hanesion llafar hyn.

Yn ddiamau, bu blynyddoedd cythryblus a chyffrous yr Ail Ryfel Byd yn gwbl ffurfiannol yn hanes pob siaradwraig a holwyd. Sonnir am ymdopi â dogni a faciwîs, y bomio, y carcharorion rhyfel a cholli cymar, brawd neu dad. Lledwyd gorwelion llawer o fenywod ifanc wrth iddynt lenwi swyddi dynion a gweithio mewn ffatrïoedd arfau neu offer rhyfel, yn y lluoedd arfog, gyda'r Fyddin Dir, ar y bysys neu gyda'r Groes Goch. Roedd y gwaith, yn ddi-ffael, yn drwm a chaled. Dysgodd Elen Jones, Rhostryfan, "weldio a rifetio" awyrennau, a bu Dorothy Owen, Betws-y-coed, yn plannu, torri a llifio coed gyda'r gorau yn y Comisiwn Coedwigaeth. Yn erbyn ei hewyllys anfonwyd Catherine Thomas, Treboeth, Abertawe, i stacio sieliau yn nhwneli Trecŵn, sir Benfro: "O o'n i ddim yn lico 'na! O odd e'n gomon! Dorres i 'nghalon lawr fan'na... Odd wastad ofon arno i." Mae stori ar ôl stori yn disgrifio sut y bu'n rhaid priodi ar frys, neu ohirio priodas, oherwydd ansicrwydd y rhyfel. Bu cariad Peggy Lewis o Ystalyfera yn garcharor rhyfel am bum mlynedd yn yr Eidal a chadwodd hi mewn cysylltiad ag ef trwy ysgrifennu ato bob dydd trwy'r Groes Goch. Dywedai yntau na fyddai wedi goroesi'r newyn difrifol a ddioddefodd heb ei llythyrau hi. Bythefnos ar ôl iddo ddychwelyd priodon nhw, er nad oeddent wedi gweld ei gilydd ers pum mlynedd. Crisielir y gwastraff enbyd ym mywydau'r rhai fu drwy'r rhyfel yn glir yng ngeiriau dwys Esther Griffiths o Fallwyd: "Wi'n teimlo bod rhan ore ein bywyd ni wedi mynd – chwe blynedd wedi mynd."

Ond sonnir hefyd am ddianc i ddawnsfeydd a sinema, a pharhau â gweithgareddau hamdden dan ddylanwad Aelwyd yr Urdd a Chlwb Ffermwyr Ifainc. Roedd eisteddfodau yn eithriadol o boblogaidd yn y cyfnod hwn ac yn lle delfrydol i gwrdd â chariad dan fantell diwylliant. Eto, mae Gwyneth Evans yn cynnig darlun ychydig yn dywyllach o'r gyfathrach rhwng mab a merch mewn eisteddfod yng nghefn gwlad yn y 1940au. Cofia fynd i eisteddfodau yn Rhydymain, sir Feirionnydd ac yn Nyffryn Conwy, lle byddai bechgyn "digon gwyllt" yn tyrru tu allan i ddrysau'r neuadd. Pan ddeuai'r merched allan, meddai, byddai'r bechgyn yn rhuthro amdanynt "ac yn 'i thrio hi mas". Mae'n grediniol y byddent o flaen eu gwell heddiw am ymddwyn mor ymosodol.

Doedd llawer o rieni parchus Cymru ddim yn fodlon i'w merched fynychu dawnsfeydd, yn enwedig adeg y rhyfel, pan oedd milwyr Prydain ac America yn gwersylla yma a thraw. Profiad arbennig i ferched Hendy-gwyn, er enghraifft, oedd cwrdd â milwyr Americanaidd croenddu am y tro cyntaf. Fel y dywed Marion Thomas, "Odd pobol Hendy Gwyn wedi'u croesawu nhw'n dda iawn – rhy dda, bydde rhai'n dweud. On nhw wedi gadael sawl un ar ôl!" Hyd yn oed yn y 1950au a'r 1960au roedd rheolau pendant wrth fynychu dawns. Sonia gwraig o Gaerdydd sut y byddai ei thad yn dod i'w nôl o ddawns ac yn cerdded adref yr holl ffordd y tu ôl iddi hi a'i chariad. Ac roedd yn bwysig edrych yn drwsiadus wrth fynd allan fel hyn. Ar nos Sadwrn ym Mhwllheli yn y 1950au, "*Costume, stilettos* a *handbag*" oedd gan Gwyneth Williams, Morfa Nefyn, "â *seams* yn y sanau. Wel, sawl gwaith sbïon ni i edrach os oedd y *seams* yn *straight*?"

Roedd bron pob siaradwraig yn tystio i rôl ganolog y capel yn eu bywydau, fel y dywed Valerie James, Brynaman, "O'n ni'n byw a bod 'na. O'n ni'n mynd 'na fel 'sen ni'n mynd adre." Cafwyd llawer o hwyl wrth holi am nodweddion traddodiadol y Sul Cymreig – golchi'r pasej, cario dŵr i'r tŷ, glanhau 'sgidiau, crafu tatws a llysiau a choginio'r cig, "achos odd y Sul i gadw'r Saboth". At hyn, roedd cymryd rhan mewn dramâu, operâu, cantatas a chyngherddau yn elfennau byw i'r aelodau. Ceid addysg gerddorol yn ogystal trwy'r dosbarthiadau tonic sol-ffa. Ac wrth gwrs, roedd y mynci parêd ar ôl y capel yn denu holl ieuenctid y fro i chwilio am gariad. "Roedd yr hewl rhwng Rhydaman a

Llandybïe yn dew o bobl ifanc bob nos Sul," yn ôl Margaret Jones, Rhydaman, ac mor braf oedd gallu hawlio'ch bod chi wedi llwyddo i "glico" a chael sboner neu wejen!

Mae'n ffasiynol ymysg rhai haneswyr yng Nghymru heddiw i ddilorni a beirniadu dylanwad pellgyrhaeddol y capel ac anghydffurfiaeth yn hanes Cymru, ac yn arbennig wrth drafod hanes menywod. Honnir mai dylanwad negyddol oedd yn llesteirio datblygiad, cyfyngu dewisiadau a gormesu menywod ydoedd. Ond, ar sail tystiolaeth y prosiect hwn mae'n gwbl amlwg nad felly yr oedd hi. Er condemnio'r arfer o ddiarddel mamau beichiog di-briod, soniodd yr un wraig am gael ei gormesu na'i chaethiwo gan ddylanwad y capel a'i gymdeithas.

A ninnau bellach yn ail ddegawd yr unfed ganrif ar hugain, mae arwyddocâd y Prosiect Hanes Llafar Menywod yng Nghymru 1920–1960 yn dod yn fwyfwy amlwg. Er mai braidd gyffwrdd yn unig â'i gynnwys cyfoethog ac amrywiol a wnaed yn yr erthygl hon, gellir gwerthfawrogi sut y newidiodd agweddau ein haelodau at eu hanes eu hunain yn sylfaenol drwyddo. Ar y dechrau fe'u clywid yn protestio, "Does dim byd wedi digwydd i fi. Dyw'n hanes i ddim yn bwysig", ond ar ddiwedd y prosiect gwelent fod gan bob un ohonynt gyfraniad i'w wneud i'n darlun o hanes Cymru yn yr ugeinfed ganrif. Rhoddwyd menywod yng nghanol y darlun hwnnw yng Nghymru am y tro cyntaf. Prin iawn y byddai'r gwragedd hyn wedi mynd ati i gofnodi eu hanesion eu hunain ar bapur, ond trwy gasglu eu hanes llafar llwyddwyd i roi eu profiadau unigryw ar gof a chadw ar gyfer y dyfodol. Bu hynny'n fraint ac yn anrhydedd.

Catrin Stevens (Cyfarwyddwr),
Ruth Morgan a Sharon Owen (Swyddogion Maes)
www.hanesmerchedcymru.merchedywawr.com

Golwg ffres ar Gwawr

PAN DDECHREUODD Y Clwb Gwawr cyntaf yng Nghymru yng Nghwm Gwendraeth, feddyliais i erioed y byddai'r mudiad yn chwarae cymaint o ran yn fy mywyd. Yn gyntaf fel aelod o Glwb Gwawr y Gwendraeth; wedyn, o 2000 i 2002, fel Swyddog De Cymru ar Brosiect Hanes Llafar y mudiad; ac yna, yn y flwyddyn 2006, mewn swydd newydd sbon fel Swyddog Hyrwyddo Clybiau Gwawr y De.

Wrth edrych yn ôl ar ddechrau fy mhrofiadau gyda Merched y Wawr, hoffwn ddiolch i bawb a gafodd y weledigaeth i ddechrau'r Clybiau Gwawr. Mae Mererid Jones yn cyfeirio yn ei herthygl at yr angen i ddenu merched ifanc i'r canghennau. Dywed: 'Teimlwn mai methiant ar y cyfan, yn enwedig mewn ardaloedd trefol mwy poblog, fu'r ymdrech i berswadio menywod ifanc i ymuno â changhennau felly roedd rhaid cynnig opsiwn gwahanol.' Roedd sawl cangen o Ferched y Wawr yn ein hardal ni ond y gwir yw na fyddwn i, nac eraill ymhlith fy nghyfoedion, wedi meddwl ymuno â nhw er bod llawer o aelodau'r gangen gyfagos yn adnabyddus i ni ac yn gyfeillgar tu hwnt. Yn sicr, mae'r mudiad wedi elwa o ddenu cannoedd o aelodau newydd trwy'r Clybiau Gwawr.

Credaf fod ein rhesymau ni fel criw dros ddechrau mynychu'r Clwb Gwawr cyntaf hwnnw yr un fath â rhai merched ifanc eraill ar hyd a lled Cymru ers hynny. Roedd yn gyfle i wneud gweithgareddau diddorol a gwahanol na fydden ni fel grŵp o ffrindiau fyth yn trafferthu eu trefnu, i gwrdd â ffrindiau unwaith y mis na fydden ni'n eu gweld heblaw am hynny ac i wneud ffrindiau newydd. Ac roedd cymdeithasu yn y Gymraeg yn sicr yn fonws: roedd teimlad o gryfhau'r iaith yn ein cymuned a mwynhau ar yr un pryd. Ac, a bod yn onest, dwi ddim yn meddwl i'r ffaith fod y Clybiau Gwawr newydd hyn yn dod o dan ymbarél Merched y Wawr ddylanwadu arnom un ffordd neu'r llall.

Yn sicr, roeddem ni yn y Clwb Gwawr cyntaf hwnnw yn teimlo ein bod yn rhan o rywbeth newydd, cyffrous. Cyn hynny, bu sylw Cymru ar ein cwm ni oherwydd yr Eisteddfod yr Urdd lwyddiannus a gynhaliwyd yng Nghwm Gwendraeth yn 1989. Yn sgil y sylw hwnnw, a hefyd oherwydd bod gan y cwm un o'r canrannau uchaf o siaradwyr Cymraeg yng Nghymru, cafodd y Fenter Iaith gyntaf yng Nghymru ei chychwyn yma yn 1990, sef Menter Cwm Gwendraeth. Roedd y 'fenter' hon yn ddolen gyswllt rhwng Merched y Wawr a ninnau – mamau ifanc yr ardal. Yn 1994 fe drefnwyd cyfarfod i ddechrau Clwb Gwawr ac i ddenu menywod ifanc o bentrefi ar hyd a lled y Cwm – o Cross Hands a Gors-las ar dop y Cwm yr holl ffordd i lawr i Gydweli a Mynyddygarreg yn y gwaelod.

Deris Williams o'r Fenter a gadeiriodd y cyfarfodydd cyntaf. Yn fuan wedi hynny cytunodd Vanessa Walters i fod yn Gysylltydd cyntaf a pharhaodd â'r rôl honno am sawl blwyddyn wrth i'r clwb ehangu a ffynnu. Mae'n rhaid cyfaddef mai aelod eithaf llugoer oeddwn i yn ystod y blynyddoedd cynnar, yn dewis a dethol pa weithgareddau roeddwn eisiau eu mynychu. Doeddwn i'n sicr ddim yn un o hoelion wyth y clwb, nac yn swyddog, ac mae'r diolch am ei barhad i'r rheiny a fu wrthi'n trefnu ac yn ei gynnal yn ystod yr amser hwnnw. Oni bai am bobl sy'n fodlon gwirfoddoli ni fyddai dyfodol o gwbl i'r clybiau.

Sonnir am lansiad swyddogol y Clybiau Gwawr yn rhifyn Gwanwyn 1997 o'r *Wawr*:

> Daeth criw o ferched ifanc ynghyd yng Ngwesty'r Forte Post House Caerdydd ar nos Fercher Tachwedd 20fed, i lansio Clybiau Gwawr yn genedlaethol, a mwynhau tipyn o gaws a gwin!... Cafwyd croeso gan Non Griffiths, y Trefnydd Cenedlaethol, ac aeth Valerie James, y Llywydd Cenedlaethol, ymlaen i egluro yr angen i sefydlu y Clybiau Gwawr. Roedd swyddogion o Fwrdd yr Iaith yn bresennol, gan fod y mudiad wedi derbyn nawdd gan y Bwrdd i gynnal Swyddog Datblygu yn y De. Canmolodd Dafydd Elis-Thomas y fenter, gan ddweud bod y Bwrdd am gefnogi mudiadau sydd am ehangu a datblygu, a bod Merched y Wawr yn cynnig cyfle i ferched gymdeithasu a mwynhau drwy gyfrwng y Gymraeg.

Roedd Bethan Vaughan Cartwright, sefydlydd Clwb Gwawr Radur, yn bresennol ac mae sôn yn yr erthygl am glybiau ym Mlaenau Ffestiniog, ardal Llanystumdwy a'r Drenewydd. Mae'n amlwg felly fod y clybiau wedi ehangu i bob cwr o Gymru erbyn diwedd 1996.

Rwy'n cofio bod swyddogion ein clwb ni wedi mynychu rhai o gyfarfodydd y Pwyllgor Rhanbarth yn y blynyddoedd cyntaf. Ond fel y dywed Mererid Jones, roedd 'gwrthwynebiad i'r syniad a llawer yn methu deall pam na fyddai merched ifanc yn ymaelodi â'r canghennau oedd eisoes yn bodoli'. O'r hyn a ddeallaf, ymhen ychydig fe roddodd swyddogion y clwb y gorau i fynychu'r Pwyllgorau Rhanbarth. Wrth i'r clybiau ledu roedd cyfleoedd ychwanegol i gymdeithasu. Yn ystod y blynyddoedd cynnar roedd ein Clwb Gwawr ni'n rhannu nosweithiau gyda chlwb Llandeilo o bryd i'w gilydd. Fe wnaethon ni hefyd gwrdd â changen gyfagos y Gwendraeth ar sawl achlysur, megis i ddathlu Gŵyl Ddewi.

Fel sydd yn wir nawr, anffurfiol oedd strwythur y clybiau ac roeddent yn dueddol o gwrdd mewn clwb neu dafarn. Roedd Cysylltydd a Thrysorydd yn hytrach na Llywydd, Ysgrifennydd a Thrysorydd ac roedd cyfle i un neu ddau aelod gwahanol drefnu gweithgareddau'r mis ar y cyd. Yn wreiddiol, roedd 'Fforymau Gwawr' yn bodoli: y cysyniad oedd rhoi cyfle i glybiau'r ardal gwrdd â'i gilydd bob hyn a hyn i fwynhau nosweithiau anffurfiol. Cofiaf fynd i Arddangosfa Goginio yng Nghaerfyrddin oedd wedi'i threfnu ar gyfer fforwm yr ardal. Ond ymhen llai na degawd roedd y fforymau hyn fel petaent wedi chwythu'u plwc. Credaf fod y syniad gwreiddiol yn un da ac mae'n siŵr bod sawl rheswm pam y daethant i ben. Rwy'n cofio rhai ohonom yn teimlo ar y pryd nad oedd y fforymau yn gwneud dim byd mwy nag oedd y clybiau eu hunain yn ei wneud.

Fe wnaeth ein clwb ni adael y mudiad am gyfnod. Y prif reswm a roddwyd ar y pryd oedd nad oedden ni'n teimlo ein bod yn cael unrhywbeth yn arbennig o fod yn aelodau. Hynny yw, doedden ni ddim yn teimlo'n rhan o'r mudiad ac felly do'n ni ddim yn gweld gwerth talu'r tâl aelodaeth. Ond yn dilyn ymweliad gan y Llywydd Cenedlaethol ar y pryd, sef Catrin Stevens, a'r cyfle i wrando ar ei rhesymau a'i dadleuon hi dros ailymaelodi, fe wnaethom benderfynu mynd yn ôl at y mudiad. Cofiaf rai o'r dadleuon oedd ganddi: sef y byddem wrth ymaelodi yn cefnogi mudiad cenedlaethol Cymraeg oedd yn frwd dros yr iaith ac yn gallu dylanwadu ar achosion yn ymwneud â'r iaith. Hefyd, wrth aros yn y mudiad, byddem yn sicr o allu parhau i gwrdd drwy gyfrwng y Gymraeg. Ac wedi cyfnod ar y tu allan, fel petai, roeddwn hefyd wedi dechrau gweld bod pethau yn mynd ychydig ar chwâl heb y strwythur o berthyn i fudiad.

O'r flwyddyn 2000 i 2002 bues yn gweithio i'r mudiad ar Brosiect Hanes Llafar Menywod yng Nghymru 1920–1960. Catrin Stevens oedd yn arolygu'r prosiect ac fe geir yr hanes yn llawn yn ei herthygl hi. Gweithiais fel Swyddog y De a Sharon Owen yn Swyddog y Gogledd, a bu cydweithio pleserus rhwng y tair ohonom yn ystod y ddwy flynedd honno. Cefais brofiad gorau fy mywyd yn gweithio i'r prosiect, yn teithio ar hyd a lled de Cymru yn recordio hanesion difyr aelodau'r mudiad ac yn hyfforddi aelodau eraill fel eu bod nhwythau'n gallu cyfweld â chyd-aelodau. Roeddwn wedi graddio mewn Hanes Economaidd a Chymdeithasol ac roedd diddordeb mawr gennyf mewn atgofion llafar. Mae'r ffaith ein bod wedi recordio mil o leisiau, a bod y rhain yn cael eu storio'n ddiogel ar gyfer y dyfodol yn Sain Ffagan, yn syfrdanol ac yn adnodd gwerthfawr tu hwnt i ni ac i genedlaethau i ddod.

Yna, yn y flwyddyn 2006, cefais fy mhenodi yn Swyddog Hyrwyddo Clybiau Gwawr y De ar ôl i'r mudiad benderfynu creu swyddi arbennig ar gyfer y Clybiau Gwawr. Roedd yn braf dod i nabod a chydweithio gyda Tegwen Morris a thîm y swyddfa a hefyd gyda Swyddog Hyrwyddo cyntaf Clybiau Gwawr y Gogledd, Ffion Hughes. Dyma ddechrau'r daith gyffrous ar olwyn fawr y Clybiau Gwawr – lan un funud a lawr y nesaf! Pan ddechreuais yn y swydd roedd 12 o glybiau yn ne Cymru a'r rheiny yn siroedd Caerfyrddin a Cheredigion. Erbyn i mi fod yn y swydd am bum mlynedd, roedd 29 o glybiau gyda rhai ohonynt y tu allan i'r ddwy sir. Mae'r gorllewin yn dal yn gadarnle i'r clybiau ac mae ehangu ein hapêl yn yr ardaloedd trefol ymhellach i'r dwyrain yn her sy'n ein hwynebu o hyd.

Mae llai o glybiau yn y Gogledd a chredaf mai un rheswm dros hyn yw'r ffaith fod tair swyddog wedi mynd a dod. Yn dilyn Ffion daeth Lowri Roberts ac yna Nia Llywelyn. Ac mae dwy swyddog newydd ddechrau sef Heddys Jones a Bronwen Wright. Pob dymuniad da iddyn nhw; gobeithio'n fawr y cân nhw hwyl ar y gwaith ac y cawn gyfnod o sefydlogrwydd a thwf yng nghlybiau'r Gogledd.

Rwy wedi bod yn y swydd yn ddi-dor ac mae hyn, wrth gwrs, wedi bod yn fantais wrth ddechrau clybiau newydd ac adnabod swyddogion ac aelodau'r clybiau sydd eisoes yn bodoli. Mae'n cymryd amser i ddod yn gyfarwydd â strwythur a digwyddiadau'r mudiad hefyd. Gall y pwyllgorau a'r is-bwyllgorau a'r holl ddigwyddiadau a chystadlaethau rhanbarthol a chenedlaethol fod yn gymhleth a dryslyd.

Mae'n sicr yn cymryd amser i'w deall ac yna i drosglwyddo'r wybodaeth honno ymlaen a cheisio annog aelodau i gymryd rhan. Mae swyddogion y clybiau, wrth gwrs, yn derbyn gwybodaeth o'r swyddfa ynglŷn â gweithgareddau'r mudiad ac, erbyn hyn, rydym yn e-bostio'r wybodaeth hon a negeseuon eraill at aelodau. Man arall i dderbyn a chadarnhau'r negeseuon a'r wybodaeth, wrth gwrs, yw'r Pwyllgorau Rhanbarth, ond mewn gwirionedd ychydig iawn o'r clybiau sy'n eu mynychu.

Y gŵyn barhaol gan aelodau'r clybiau yw nad oes amser ganddyn nhw i ymrwymo i fwy na mynychu'r clwb unwaith y mis. Yn gyffredinol, credaf fod bywydau pawb yn fwy prysur y dyddiau hyn nag yr oeddent a bod llai o amser gan fenywod ifanc nawr nag yr oedd. Mae llawer mwy ohonynt yn gweithio a hynny ar ben cadw tŷ ac, yn aml, edrych ar ôl teulu. Man lleiaf, mae'r Clybiau Gwawr yn rhywle i ymlacio a mwynhau drwy gyfrwng y Gymraeg unwaith y mis. O fewn y clybiau, wrth gwrs, cynhelir gweithgareddau o bob math, yn amrywio o ddawnsio bola a salsa i flasu gwin a theithiau cerdded a siopa.

Fel y gwelir o'r rhestr uchod, mae rhai o weithgareddau'r clybiau yn debyg i'r hyn a gynhelir gan y canghennau ond mae rhai gwahaniaethau! Rydym yn gosod rhaglenni'r clybiau, â'u holl weithgaredd, ar wefan *www.clybiaugwawr. com*. Rydym hefyd yn annog clybiau i gwrdd â'i gilydd a chyda canghennau cyfagos.

Un o'r cwestiynau mwyaf rydym yn ei wynebu yw hwn: os nad yw aelodau yn gwneud llawer heblaw mynychu'r clwb unwaith y mis, sut mae gwneud iddynt deimlo'n rhan o fudiad cenedlaethol a gweld bod gwerth talu tâl aelodaeth i fod yn rhan ohono? Mae'n galonogol dros ben fod cymaint o ddiddordeb yn y clybiau a'u bod yn dal i dyfu. Ond mae rhai yn cau, ac eraill yn gyndyn i ymaelodi, ac mae angen i ni fod yn effro i ofynion yr aelodau. Yn sicr, mae angen annog aelodau'r clybiau i gymryd rhan yn y gweithgareddau cenedlaethol a rhanbarthol, megis cystadlaethau crefft, coginio a chwaraeon, y Penwythnos Preswyl, y Cwis Cenedlaethol, yr Ŵyl Fai ac ati. Ond hefyd mae angen gwrando a gweld a oes newidiadau bach y gallwn ni eu gwneud i'w hannog a'u denu at y gweithgareddau hyn. Mae angen hefyd cynnig rhai gweithgareddau gwahanol, newydd i'r clybiau yn unig.

I'r perwyl hwn rydym yn trefnu rhai gweithgareddau a digwyddiadau yn arbennig ar gyfer y clybiau. Yn fuan ar ôl i mi ddechrau yn fy swydd trefnwyd noson lwyddiannus iawn mewn clwb nos yng Nghaerfyrddin yng nghwmni Caryl Parry Jones, a hynny drwy gymorth nawdd gan y cyngor sir lleol. Dechreuodd y clybiau helpu i wneud smŵddis yn Eisteddfod yr Urdd Caerfyrddin yn 2007 ac mae hyn wedi parhau.

Mae'r smŵddis yn sicr wedi tynnu sylw'r cyfryngau a dod â delwedd fodern, ffres i'r mudiad. Trefnwyd cyfres o sioeau ffordd gyda nosweithiau yng ngofal cantorion poblogaidd fel Fflur Dafydd, Neil Rosser a Ryland Teifi a chafwyd teithiau cerdded i godi arian at elusen. Trefnwyd 'Sesiynau Blasu' ar gyfer aelodau yn 2011 mewn tri lleoliad yng Nghymru – sef cyfle i flasu'r hyn yr oedd gan y mudiad i'w gynnig drwy gyflwyniad pwynt pŵer a gwledd o fwydydd lleol (diolch i nawdd gan sawl cwmni bwyd). Roedd y sesiwn yng Nghanolfan Fwydydd Castell Howell yn Cross Hands yn arbennig o boblogaidd, gyda chyfle i glybiau gwrdd ag aelodau o glybiau eraill ac i gymdeithasu, yn ogystal â dysgu am y mudiad a theimlo'n rhan o fudiad cenedlaethol.

Credaf erbyn hyn fod y rhan fwyaf o aelodau canghennau Merched y Wawr yn gweld gwerth y clybiau ac yn eu croesawu fwyfwy. Yn fuan ar ôl dechrau'r swydd fe wnes awgrymu ein bod i gyd – yn glybiau a changhennau – yn uno o dan un enw, sef 'Gwawr'. Roedd y Pwyllgor Rheoli a Staff ar y pryd yn cefnogi'r syniad ond fe gafodd ei wrthod yn y Cyfarfod Blynyddol ym Machynlleth. Credaf y gallai mabwysiadu'r enw 'Gwawr' fod yn ffordd syml i ni gyd symud ymlaen gyda'n gilydd i'r dyfodol.

Ac i orffen, yn ôl at y Prosiect Hanes Llafar. Tra ein bod yn gwrando ac yn recordio profiadau aelodau Merched y Wawr roeddem yn clywed dro ar ôl tro pa mor gryf oedd y gymdeithas Gymraeg ei hiaith rhwng 1920 ac 1960, sef cyfnod sylw'r prosiect, gyda'r capeli yn ffocws i'r diwylliant hwnnw. Erbyn hyn mae'r gymdeithas honno wedi newid, gyda llawer o'r nodweddion y cyfeiriwyd atynt wedi gwanhau. Credaf fod ein mudiad ni yn awr yn fwy pwysig nag erioed yn y frwydr i gadw ein cymunedau yn gryf a'r iaith Gymraeg yn ganolog iddynt: 'cadw i'r oesoedd a ddêl y glendid a fu'.

Ruth Morgan
Swyddog Datblygu Clybiau Gwawr y De

Cynadledda, pwyllgora a thrafod

Mary Price gyda chynrychiolwyr o Lesotho a Dolen Cymru

Ymgyrch casglu 5,000 o fras i Oxfam Cymru, 2009: amgylchynu'r Pafiliwn Pinc yn Eisteddfod Genedlaethol y Bala a Myfanwy Povey yn ei gwisg o fras lliwgar

Helen Mary Jones, Aelod Cynulliad Llanelli ar y pryd, yn cyfrannu at ymgyrch y bras yng Nghangen Llangennech, Rhanbarth Caerfyrddin

Mwynhau dathlu eto –
y mudiad yn 40 oed

Bagiau cennin Pedr i bawb!

Dathlu ar Faes Eisteddfod Meirion a'r Cyffiniau, Y Bala, 1997

Cael hwyl ym Mhenwythnos Merched y Wawr

Plannu coeden ar faes y Sioe, 2010

Julia Hawkins a Chlwb Gwawr y Fenni i gyd yn gwisgo hetiau i 'fynd i lawr y Pwll Mawr' mewn cyflwyniad yn yr Eisteddfod Genedlaethol, 2010

Y dysgwyr yn cystadlu yn yr Ŵyl Haf ym Machynlleth

Llinos Roberts yn dangos i Kirstie Allsopp sut i wneud blodau gelatin (ar gyfer y rhaglen *Kirstie's Handmade Britain*) ar stondin Merched y Wawr yn Sioe Llanelwedd

Cystadlu yn Sioe
Llanelwedd

Cystadleuaeth flodau yn
y Sioe

Staff a ffrindiau Merched y Wawr yn llwytho esgidiau i fynd i'r Eisteddfod Genedlaethol

Agor y siop esgidiau ar faes Eisteddfod Genedlaethol Wrecsam 2011 adeg yr ymgyrch casglu esgidiau

Gwledd o botiau briwfwyd mewn cystadleuaeth yn y Ffair Aeaf yn Llanelwedd

Cwrs crefft

Cwrs gwneud blychau adar yn Llandeilo, gwanwyn 2012

Llygaid y 'dydd yn dathlu ennill y Darian a'r Dystysgrif am y cynnydd mwyaf mewn aelodaeth yn 2011

Angylion Aber yn gwneud crefftau gyda'r artist Ruth Jên, 2012

Clwb Gwawr Glyndŵr, Machynlleth yn cael sgwrs gyda'r awdures Manon Steffan Ros am ei llyfrau

Mererid Jones a Catrin Stevens yn cynrychioli'r mudiad yn y rali yn erbyn toriadau i S4C, 2011

Hybu coffi masnach deg drwy gysylltu yn fyw ar y we gyda gwraig o Wganda oedd yn ffermio ffa coffi

Cael ysbrydoliaeth gan Bethan Gwanas ar gwrs ysgrifennu creadigol yn Nhŷ Newydd

Rhanbarth Penfro yn ailgylchu defnyddiau ar gyfer yr arddangosfa ym mhabell Merched y Wawr yn Eisteddfod yr Urdd Sir Benfro 2013

Côr Rhanbarth Glyn Maelor ym mhrifwyl Wrecsam 2011 yn dilyn eu cyflwyniad llwyddiannus

Rhanbarth Gorllewin Morgannwg yn ystod eu taith gerdded flynyddol

Aelodau Cangen y Groeslon, Rhanbarth Arfon, yn dathlu pen-blwydd y gangen yn 35 oed, Mawrth 2012

Aelodau Rhanbarth Môn yn mwynhau paned ar ôl noson o gystadlu celf a chrefft

Rhai o aelodau Rhanbarth Caerfyrddin yn cymdeithasu yn Theatr y Lyric cyn y ddrama *Salsa*, 2011

Cyflwyno copi Braille o *Hoff Gerddi Cymru*, a ariannwyd gan Ranbarth y De-ddwyrain, i Mr John Hayes, Pennaeth Ysgol Gyfun Gymraeg Plasmawr, Caerdydd, at ddefnydd disgyblion â nam ar eu golwg, 2009

Russell Jones yn diddanu yng Ngŵyl Rhanbarth Maldwyn Powys, 2011

Noson cystadlaethau chwaraeon Rhanbarth Aberconwy yn Neuadd Eglwysbach

Côr Dysgwyr Meirionnydd a Bro Ddyfi mewn noson a drefnwyd ar gyfer y dysgwyr gan Is-bwyllgor Iaith a Gofal Meirion yn Neuadd Llanelltyd, 2012

Criw teithiau cerdded Rhanbarth Dwyfor yn crwydro ardal Llangwnadl dan arweiniad Rhian Williams o Gangen Bryncroes

Swyddogion o Ranbarth Colwyn yn cyflwyno siec am £300 i Uned Trin Canser Ysbyty Glan Clwyd, sef elw gwasanaeth Llith a Charol a gynhaliwyd yn yr Eglwys Farmor, Bodelwyddan

Swyddogion o Ranbarth Ceredigion yn cwtsho coeden er mwyn darganfod ei hoedran, 2010

Gwledda yng nghinio'r Llywydd Cenedlaethol, Mawrth 2012

Tegwen Morris a David Cameron yn rhif 10, Stryd Downing, 2012

Merch y wawr

Y DYDDIAD? 6 Hydref 1976. Roeddwn i'n briod ers tri mis, wrthi'n dygymod â byw fel rhan o gwpl a chynnal cartref newydd mewn cymdogaeth newydd i mi ym mhentref Rhiwlas ger Bangor, pan benderfynais fynd i gyfarfod yn neuadd y pentref un noson ddigon llwm ac oer.

Trefnwyd y cyfarfod er mwyn sefydlu cangen o Ferched y Wawr yn y pentref. Er nad wyf yn un sy'n dygymod yn dda iawn â bod yng nghanol criw mawr o ferched – na chriw mawr o bobl o unrhyw fath a dweud y gwir – y prif gymhelliad dros fynychu'r cyfarfod hwnnw oedd dod i adnabod merched eraill yn y pentref. A minnau'n gweithio'n amser llawn fel gohebydd ar bapur lleol yr *Herald* yng Nghaernarfon ar y pryd, doedd fawr o gyfle wedi bod i gyfarfod â fawr neb ar wahân i gymdogion agos ar y stad dai newydd cyn hynny. Doedd dim tafarn yn y pentref (rhywbeth sy'n wir hyd heddiw) a'r neuadd bentref, felly, oedd y man cyfarfod canolog.

Ychydig rwy'n ei gofio am y cyfarfod erbyn hyn, ac eithrio'r ffaith fod Miss Gwyneth Evans, Cricieth, y Llywydd Anrhydeddus ar y pryd, wedi ein hannerch, ac fy mod i, er mawr syndod i mi – a difyrrwch mawr i'm gŵr pan ddychwelais adref – wedi cael fy ethol yn Llywydd cyntaf y gangen!

Mae'r cof o gael fy ngalw i'r pen blaen a'm gwahodd i ddweud gair byrfyfyr o flaen rhyw ddeg ar hugain o ferched cymharol ddieithr i mi yn dal i wneud i mi chwysu!

Parhaodd fy nghysylltiad â'r gangen, er gwaethaf bwlch o rai blynyddoedd pan oedd y plant yn fach a minnau'n gweithio'n amser llawn, a chefais y fraint o fod yn Llywydd y gangen unwaith eto rhwng 2007 a 2009. Gan fod nifer ein haelodau wedi lleihau dros y blynyddoedd, mae'n drefn gennym ers tro bellach fod y Llywydd yn llenwi'r swydd am ddwy flynedd ar y tro.

Ond yn ôl i 1976. Y dasg gyntaf oedd mynd ati i lunio rhaglen. Camp nid bychan oherwydd ei bod yn hwyr yn y flwyddyn arnom yn dechrau ar y gwaith. Ond llwyddwyd i ddod i ben â hi'n rhyfeddol, diolch i ferched profiadol eraill y pwyllgor, a thynnwyd ar ddoniau lleol a chymunedol yn ogystal â chreu ein hadloniant ein hunain.

Yn ôl yr adroddiad yn ein papur bro, *Llais Ogwan*, ym mis Rhagfyr 1976:

> Cynhaliwyd cyfarfod cyntaf y gangen ar Dachwedd 2 a chafwyd noson hapus iawn pan ddaeth parti'r Cymric o Goleg y Brifysgol, Bangor i'n diddanu, mewn cân, adrodd, unawd ar y ffidil, a'r piano. Yr oedd y cyfan o safon uchel iawn... Cynhaliwyd stondin 'Moes a Phryn' a gwnaed elw sylweddol i'r gangen.

Ond y frawddeg bwysicaf yn yr adroddiad, o bosib, yw honno sy'n sôn fod chwe aelod newydd wedi ymuno ar y noson gan gynyddu nifer yr aelodau i bron i ddeugain.

Ymhlith yr eitemau eraill ar raglen ein tymor cyntaf roedd ymweliad gan barti dawnsio gwerin o Aelwyd Caernarfon, ymweliad gan gangen Tregarth (parhaodd y traddodiad hwn o wahodd canghennau lleol atom hyd heddiw) a chinio Gŵyl Ddewi yng ngwesty Glantraeth, Ynys Môn (lle mwynheais fy mrecwast priodas yr haf blaenorol!) gydag adloniant ysgafn i ddilyn wedi'i drefnu gan dair o'r aelodau. Er nad oes gennyf unrhyw gof o'r peth bellach, nodir mai fi oedd yn cyfeilio ar y piano yn ystod yr eitemau cerddorol!

Un cyfarfod o'r cyfnod cynnar sydd wedi aros yn y cof, er hynny, yw cymryd rhan mewn eisteddfod a drefnwyd gan gangen Tregarth a magu'r plwc i ganu ar fy mhen fy hun, rhywbeth nad oeddwn wedi'i wneud ers fy mlwyddyn gyntaf yn yr ysgol uwchradd! Tregarth oedd y buddugwyr ar ddiwedd y noson, a daeth fy ngyrfa i fel unawdydd i ben mor sydyn ag y dechreuodd!

Mae sawl peth yn fy nharo wrth ddarllen yr adroddiadau hyn, yn eu plith y ffaith ein bod fel cangen yn trefnu digwyddiadau codi arian ar gyfer elusennau lleol – Cymdeithas y Deillion Gogledd Cymru y flwyddyn honno – lle bo unigolion yn tueddu i wneud hynny erbyn hyn. Dros y blynyddoedd bu dwy o'n haelodau, Heulwen Evans a Dilys Parry, yn codi arian i wahanol achosion da yn y rhanbarth drwy gymryd rhan yn y distawrwydd noddedig blynyddol.

Diddorol, o ddarllen yr adroddiadau hefyd, yw sylwi ein bod, at ei gilydd, yn cael ein henwi ynddynt yn ôl enwau ein gwŷr – Mrs Cecil Hughes, Mrs Ifor Jones ac ati! Dau arwydd o'r newidiadau bach ond cynnil sydd wedi digwydd dros y blynyddoedd.

Ymddangosodd erthygl fer yn rhifyn Rhagfyr 1977 o *Llais Ogwan* sy'n crynhoi'r hyn a fu ac sydd yn parhau i fod yn wir am ein cangen ni o Ferched y Wawr (fi piau'r italeiddio):

> Babi a ddaeth i'r byd ar noson oer ym mis Hydref 1976 ond sydd bellach yn prifio'n blentyn cryf yw cangen Merched y Wawr, Rhiwlas.
>
> Mewn pentref sydd wedi datblygu cryn dipyn yn ystod y ddwy flynedd ddiwethaf gyda dyfodiad Stad Caeau Gleision, *bu'r gangen yn gyfrwng sicr i bontio'r hen gymdeithas a'r newydd-ddyfodiaid.*

Dyma'n sicr i mi fu gwir werth y gangen yn y dyddiau cynnar. Codwyd deugain o dai newydd ar y stad ac roedd nifer o gyplau ifanc Cymraeg fel ninnau wedi ymgartrefu yno. Bu'r gangen yn fodd i nifer dda ohonom ni'r criw iau ddod i adnabod y pentrefwyr gwreiddiol, i dynnu ar eu profiad byw ac i ddysgu am hanes a thraddodiadau'r pentref. Drwy hynny llwyddwyd i raddau helaeth i osgoi'r sefyllfa 'nhw' a 'ni' allai fod wedi creu rhwystrau i'r dyfodol ac mae'r cyfeillgarwch yn parhau.

Talcen dipyn caletach y dyddiau hyn yw ceisio denu'r merched iau sydd wedi ymgartrefu yn y pentref yn ystod y blynyddoedd diwethaf i'n cyfarfodydd. Arwydd o'r newid a fu yn y patrwm o greu ein difyrrwch o bosib, ac arwydd hefyd o unedau teuluol mwy 'hunangynhaliol' ac annibynnol.

Â mwy o bwysau'r dyddiau yma i ennill dau gyflog, nid yn unig er mwyn cynnal safon byw ond er mwyn talu am yr anghenion sylfaenol, cymaint rhwyddach yw setlo gyda gŵr neu bartner o flaen y teledu ar ôl rhoi'r plantos yn y gwely ar ddiwedd diwrnod caled o waith na chodi allan i gyfarfod yn y neuadd. A pha angen cymdeithasu yn y dull 'hen ffasiwn' pan fo modd gwneud hynny o'r gadair freichiau yn y stafell fyw, a difyrrwch y byd ehangach ar gael dim ond wrth bwyso botwm ar y cyfrifiadur?

Rydym yn dal i ymdrechu i 'genhadu' er hynny, ond efallai ei bod yn arwyddocaol fod y ddwy sydd wedi ymuno â'r gangen yn ystod y ddwy flynedd ddiwethaf yn eu chwedegau cynnar, a hwythau newydd ymddeol. Cawsom gyfle i groesawu ein dysgwraig gyntaf fel aelod o'r gangen tua phedair blynedd yn ôl hefyd (Sarah Anderson, a gynlluniodd Goron Eisteddfod Genedlaethol y Bala a enillwyd gan Feuryn y Talwrn bellach, Ceri Wyn Jones).

Criw o ryw bymtheg ydym ni erbyn hyn ac er mai dim ond rhyw ddwy neu dair sydd dan 60 mae ein hysbryd yn eithriadol ifanc! Ac nid yw'r gostyngiad yn ein niferoedd wedi pylu dim ar ein mwynhad. Ar un wedd fe ddaeth â ni'n nes at ein gilydd gan ein bod, yn ystod y flwyddyn neu ddwy ddiwethaf, wedi bod yn trefnu mwy o nosweithiau 'brethyn cartref' fel y byddwn yn eu galw, lle mae aelodau unigol yn cynnal ambell noson. Cawsom sawl noson ddifyr yn dysgu am ddiddordebau ambell aelod, o gwiltio'n gain i deithio'r byd, a chafwyd noson annisgwyl o ddiddorol pan wahoddwyd yr aelodau i ddod â gwrthrych oedd yn golygu rhywbeth arbennig iddynt i'r cyfarfod. Bu'n 'seiat brofiad' yn yr ystyr orau.

Nid ydym fel cangen yn rhai sydd â diléit mewn cymryd rhan yng nghystadlaethau chwaraeon y mudiad ond rydym wedi cael blas, a llwyddiant, ar gystadlu ar y Cwis Hwyl dros yr wyth mlynedd diwethaf. Yn 2010 daethom yn gyntaf yn genedlaethol, ar y cyd â changen Pencader, ac yna, yn 2011, dyma gyrraedd y pinacl ar ein pennau ein hunain a'r tîm – Linda Jones, Iona Jones, Nia Jones a minnau – yn cael y fraint o dderbyn y darian ym Machynlleth ym mis Mai. A chael ei chadw am y flwyddyn ar ei hyd y tro yma!

Yn rhanbarthol, mae'r cof am lond llwyfan Pafiliwn ohonom yn cymryd rhan yn y cyflwyniad 'Be' 'di Geiria' Rhwng Gwragedd' yn Eisteddfod Eryri yn 2005 yn dal yn fyw. Achlysur rhanbarthol arall sy'n aros yn y cof yw Noson Dathlu'r Deugain yng Nghanolfan y Mynydd Gwefru, Llanberis ym Mehefin 2007. Yn ogystal â dathlu deugeinfed pen-blwydd Merched y Wawr penderfynwyd dathlu deugain mlynedd o waith awduresau Arfon hefyd, a hynny yng nghwmni Angharad Tomos, Angharad Price, Meg Elis, Beryl Stafford Williams, Alys Jones, Eurgain Haf a Manon Wyn. Rhwng y gwahanol ddarlleniadau blaswyd danteithion a gwin oedd yn cyfleu rhywfaint o naws yr amrywiol gyfrolau.

Cefais y profiad o gyswllt â'r mudiad ar lefel genedlaethol pan etholwyd fi'n aelod o Is-bwyllgor *Y Wawr* yn 2004. Agoriad llygad oedd cael rhannu profiadau aelodau o un pen i Gymru i'r llall a hynny dan gadeiryddiaeth hwyliog a brwdfrydig Janet Evans, i ddechrau, cyn i Siân Lewis ddod i gadair y Golygydd a minnau'n Is-olygydd iddi am flwyddyn a hanner. Gweithiodd Siân yn galed, yn ei ffordd dawel, ddi-lol ei hun, i newid gwedd y cylchgrawn, proses sydd wedi hen ddwyn ffrwyth, ac mae'r *Wawr* bellach yn edrych yn hynod broffesiynol ac yn llawn erthyglau difyr ac amrywiol.

Ym mis Awst 2004, ychydig fisoedd ar ôl ymuno â Phwyllgor *Y Wawr*, enillais y Fedal Ryddiaith yn Eisteddfod

Casnewydd ac ymhen ychydig ddyddiau wedyn cysylltodd Janet, y Golygydd ar y pryd, i ofyn a fyddai modd i mi anfon llun o'r achlysur i'w gynnwys yn y cylchgrawn. Gan nad oedd gen i lun addas adref awgrymais ei bod yn holi'r tynnwr lluniau Tegwyn Roberts am un, a dyna fu.

Wna i byth anghofio'r sioc a gefais i pan laniodd copi o'r cylchgrawn drwy'r drws y mis canlynol. Dyna lle roeddwn i ar y clawr, yn fy ngŵn borffor ac aur ac wedi fy 'medalu' chwedl yr Archdderwydd ar y pryd, Robyn Lewis!

Ac roedd mwy i ddilyn. Yng nghyfarfod nesaf y gangen roedd Nia, y Trysorydd, wedi trefnu i drosglwyddo'r llun ar wyneb eisin cacen a chafwyd blas arni gyda'n paned ar ddiwedd y noson. Profiad digon od oedd torri'r gacen a'm corff yn diflannu'n raddol o dan lafn y gyllell!

Tynnwyd ambell lun ar y noson, yn eu plith un ohonof gydag aelod hynaf y gangen ar y pryd, Mrs Maggie Jones, neu Anti Maggie fel mae pawb yn y pentref yn ei hadnabod. Dair blynedd yn ddiweddarach byddem fel cangen yn dathlu ei phen-blwydd hithau yn 90 oed a lluniais englyn a gyflwynwyd iddi gennym i gofio'r achlysur:

> Ei gwên a'i chalon gynnes – ei hasbri
>   a'i hysbryd dirodres
>   yw'r em ddisgleiriaf ei gwres;
>   heno hi yw'n brenhines.

(Cinio Nadolig MyW, Rhiwlas; 11 Rhagfyr 2007)

Erbyn hyn, yn anffodus, nid yw iechyd Anti Maggie yn caniatáu iddi allu ymuno gyda ni ar nosweithiau Mawrth cyntaf y mis, ond bu'n aelod ffyddlon am flynyddoedd.

Er y mwynhad o ddod at ein gilydd yn rhanbarthol ac yn genedlaethol, y 'chwaeroliaeth' gymunedol, y bont gadarn honno rhwng y cenedlaethau, yw Merched y Wawr i mi yn ei hanfod o hyd. Mewn pentref o gymudwyr i raddau helaeth, mae'r gangen yn rhyw 'ganol llonydd' cymdeithasol lle cawn ddod at ein gilydd unwaith y mis i roi'r byd yn ei le, i gyfnewid newyddion a rhannu profiad ac i fwynhau siaradwyr a chrefftwyr difyr, a'n hysbrydoli ar adegau. A hynny'n gyfan gwbl drwy'r Gymraeg, wrth gwrs.

Doedd gan fy nain ddim dewis ond troi i'r Saesneg wrth fynychu cyfarfodydd Sefydliad y Merched ers talwm. Bu fy niweddar fam yn aelod brwdfrydig iawn o'r un sefydliad am flynyddoedd, ac er mai Cymraeg oedd iaith y gangen, i bob pwrpas roedd yr holl waith gweinyddol canolog, a chylchgrawn y sefydliad, yn y Saesneg wrth gwrs. Yn ddiweddarach, sefydlwyd cangen o Ferched y Wawr ym mhentref Brynsiencyn, Ynys Môn, lle roedd ein cartref, a bu Mam yn aelod ffyddlon ohoni nes i salwch ei hatal rhag mynychu.

Bellach gallwn ninnau, a chenedlaethau ar ein hôl ni gobeithio, fwynhau ffrwyth y frwydr wreiddiol i sefydlu mudiad Cymraeg i ferched. Ond gwae ni rhag cymryd yr hyn a ystyriwn ni'n hawl naturiol yn ganiataol.

Annes Glynn
Aelod o Gangen Rhiwlas

Rhywbeth at ddant pawb

Pwdinau siocled llawn calorïau, jelis ffrwythau amryliw gan y dietegydd yn ein plith a hufen iâ pomgranad cofiadwy... Dyna ddisgrifio rhan o wledd 'Melys a Meddwol' – un o nosweithiau gorau Llygad y 'dydd yn fy marn i. Daeth criw ohonom ynghyd yn nhŷ un o'r aelodau gan ddod â'n hoff bwdinau gyda ni. Bu blasu brwd a chafwyd llawer iawn o sbort.

Rwy'n aelod o Glwb Gwawr Llygaid y 'dydd (Caerdydd) ers sefydlu'r clwb 'nôl ym mis Medi 2008. Ond ers i mi roi'r gorau i fy ngwaith llawn-amser i fagu teulu yn gynharach eleni, mae nosweithiau'r clwb yn bwysicach byth i mi.

Fel criw rydym yn amrywio mewn oedran o'n hugeiniau i'n pedwardegau. Mae rhai yn gydweithwyr, yn gyd-aelodau o gorau amrywiol y ddinas neu'n adnabod ein gilydd o'r ysgol neu goleg (mae'r byd yn gallu bod yn fach!). Mae nifer ohonom hefyd yn famau. Mae ymuno â'r criw yn ffordd o wneud rhywbeth i mi fy hun unwaith y mis, o leiaf, ac i gymdeithasu y tu hwnt i fyd plant a chylchoedd Ti a Fi. Rwy'n cael bod yn 'Catrin' unwaith eto yn hytrach na 'mam Gruffudd' o hyd!

Rydym yn cyfarfod ar nos Iau gyntaf y mis ac mae gennym bellach fan cyfarfod parhaol yng Nghlwb Bowls Penhill, sy'n gartref yn y gaeaf i Glwb Rygbi Cymry Caerdydd. Rydym yn ceisio sicrhau bod ein rhaglen bob blwyddyn yn un amrywiol gyda rhywbeth i apelio at bawb. Dros y blynyddoedd mae ein gweithgaredd wedi cynnwys pob math o bethau – o gyfle i wneud addunedau blwyddyn newydd i noson Zumba i gadw'n heini, sawl pryd bwyd, ambell drip ac, wrth gwrs, noson y pwdinau.

Er gwaetha'r calorïau rydym yn bwriadu trefnu noson debyg i honno eto eleni – noson rydym wedi ei bedyddio'n 'Rhywbeth at Ddant Pawb'. Ac, erbyn meddwl, mae'r teitl hwnnw'n ffordd berffaith o grisialu meddylfryd Clwb Gwawr Llygaid y 'dydd.

Catrin Wyn Champion
Aelod o Glwb Gwawr Llygaid y 'dydd

Digon o dân gan Angylion Aber

Rwy'n gweithio fel Swyddog Cyswllt Ysgolion i Wasanaeth Tân ac Achub Canolbarth a Gorllewin Cymru ym mhencadlys Ceredigion. Yn bennaf rydw i'n gweithio gyda phlant a phobl ifanc y sir ond rydw i hefyd wedi bod at ambell gangen o Ferched y Wawr i drafod diogelwch yn y cartref – a bob amser yn cael croeso da heb sôn am fwyd arbennig!

Rwy wedi bod yn aelod o Glwb Gwawr Angylion Aber ers blwyddyn ac rwy bellach yn Gysylltydd. Mae'r clwb yn gymharol newydd a chafodd ei sefydlu yn Aberystwyth ym mis Medi 2010. Pan ddaeth y cynnig trwy ffrind i ymuno doedd dim angen gofyn ddwywaith! A dweud y gwir, roedd ymaelodi yn rhywbeth ddaeth yn gwbl naturiol. Roedd Mam eisoes wedi bod yn Llywydd ar gangen Penrhyn-coch bedair gwaith, yn llywydd chwaraeon rhanbarthol ac yn aelod o Ferched y Wawr ers 34 o flynyddoedd. Tipyn o gamp, efallai, ond rhywbeth sydd wedi bod yn rwtîn, rywsut, yn ein tŷ ni. O daith ddirgel i helfa drysor a chystadlu yn y tîm dartiau, mae gweithgaredd ar y gweill o hyd a Mam yn ei helfen – peth sy'n amlwg o'r straeon di-ri.

Gallwch chi ddibynnu ar gael hwyl a sbri, 'sdim ots beth mae Angylion Aber yn ei wneud. Yn ein hanes byr mae'r clwb wedi mwynhau nosweithiau reiki, sushi, harddwch, ioga, dawnsio gwerin a theithiau i weld sioeau cerdd a chanolfan grefftau Rhiannon yn Nhregaron. A hyd yn oed pan rwy'n trio rhywbeth sydd ddim yn hawdd i mi, fel celf a chrefft gyda Ruth Jên, rwy'n brwydro ymlaen er gwaethaf y paent a phopeth! Fel Cysylltydd Angylion Aber rwy wedi cael cyfle i ymarfer fy sgiliau cyfathrebu, i drefnu a chysylltu â phawb – tipyn o her o dro i dro, yn arbennig os ydych chi'n mwynhau clonc!

Mae'r clwb yn rhoi cyfle i roi cynnig ar weithgaredd, yn lleol ac yn genedlaethol. Ond y prif beth rydw i'n ei fwynhau yw cyfeillgarwch y merched a dyna pam dw i'n aelod.

Karen Rees Roberts
Aelod o Glwb Gwawr Angylion Aber

Cymysgu mewn cylch gwahanol

AR ÔL BLYNYDDOEDD gyda'r Ffermwyr Ifainc, ro'n i bellach yn rhy hen i fod yn aelod. Ond ble i droi nesaf? Doedd gen i fawr o syniad. O edrych ar ambell fudiad arall roedden nhw i weld yn rhy henaidd i mi, efallai. A oeddwn i nawr, felly, yn syrthio rhwng dwy stôl?

Daeth yr ateb mewn galwad ffôn oddi wrth ffrind ac o fewn dim roedd criw bychan ohonom wedi dod ynghyd ac ymuno â Chlwb Gwawr Glyndŵr ym Machynlleth. Ers hynny rydw i wedi mwynhau bod yn aelod – ac yn Gysylltydd – a dydw i heb edrych 'nôl.

Fel mam i dri o blant ifanc mae'r cyfle i fynd allan a chymdeithasu yn brin. Felly mae ochr gymdeithasol y clwb yn bwysig iawn i mi. Rydym yn cynnal nosweithiau amrywiol iawn, o siaradwyr gwadd i reiki, ymarfer corff a pharti Pishyn. Mae'n rhaid cyfaddef bod rhai gweithgareddau yn apelio ataf fwy nag eraill ond rwyf wedi cael fy mhlesio o'r ochr orau gan nosweithiau na fyddwn wedi eu hystyried cynt – wnes i erioed feddwl y byddwn yn mwynhau noson o osod blodau, neu greu addurniadau Nadolig yn defnyddio pinnau!

Un peth rwy'n ei hoffi am y clwb yw ei fod yn gyfle i gymysgu mewn cylch newydd ac awyrgylch Gymreig. Mae'r aelodau'n gweithio mewn swyddi gwahanol, yn dod o gefndir teuluol amrywiol ac mae ganddynt brofiadau di-ri – sy'n cyfoethogi ein clwb. Er hyn, rydym yn gyrru 'mlaen yn dda ac yn cael hwyl yng nghwmni ein gilydd, beth bynnag rydym yn ei wneud. Yn wir, rydw i wedi mwynhau'r profiad o fod yn aelod o'r clwb yn fawr a byddwn yn annog unrhyw un sydd yn chwilio am ddiddordeb newydd i ymuno â Chlwb Gwawr.

Elen Mason
Aelod o Glwb Gwawr Glyndŵr, Machynlleth

Ddoe y daeth uwch y traethau – dân y Wawr
  I'n du nos yn fflamau
  A'r Wawr a ddeil i ryddhau
  Goleuni uwch y glannau.

                              Myrddin ap Dafydd

Hefyd o'r Lolfa:

rhagair Hywel Gwynfryn

y Lolfa

gwres y GEGIN

gan Heulwen Gruffydd

£19.95

Am restr gyflawn o lyfrau'r Lolfa, mynnwch
gopi am ddim o'n catalog
neu hwyliwch i mewn i'n gwefan

www.ylolfa.com

lle gallwch archebu llyfrau ar-lein.

TALYBONT CEREDIGION CYMRU SY24 5HE
ebost ylolfa@ylolfa.com
gwefan www.ylolfa.com
ffôn 01970 832 304
ffacs 832 782